语文教师有效教学技能案例训练丛书
yuwen jiaoshi youxiao jiaoxue jineng anli xunlian congshu

陈建伟主编

yuwen zonghexing xuexi
jiaoxue jineng xunlian

语文综合性学习
教学技能训练

林　晖　陈建伟　编著

暨南大学出版社
JINAN UNIVERSITY PRESS
中国·广州

图书在版编目（CIP）数据

语文综合性学习教学技能训练/林晖，陈建伟编著．—广州：暨南大学出版社，2010.11

（语文教师有效教学技能案例训练丛书）

ISBN 978－7－81135－654－0

Ⅰ．①语…　Ⅱ．①林…②陈…　Ⅲ．①语文课—教学研究—师范大学—教材②语文课—教学研究—中小学　Ⅳ．①G633.302

中国版本图书馆 CIP 数据核字(2010)第 192863 号

出版发行：暨南大学出版社

地　址：中国广州暨南大学
电　话：总编室（8620）85221601
　　　　营销部（8620）85225284　85228291　85228292（邮购）
传　真：（8620）85221583（办公室）　85223774（营销部）
邮　编：510630
网　址：http：//www.jnupress.com　http：//press.jnu.edu.cn

排　版：广州市天河星辰文化发展部照排中心
印　刷：湛江日报社印刷厂

开　本：787mm×960mm　1/16
印　张：12.25
字　数：168 千
版　次：2010 年 11 月第 1 版
印　次：2010 年 11 月第 1 次
印　数：1—3000 册

定　价：25.00 元

（暨大版图书如有印装质量问题，请与出版社总编室联系调换）

前言

进入21世纪以来，随着我国基础教育课程改革的不断发展，中小学校的课程已经逐步地从过于注重知识传授转变为强调学生主动学习和掌握学习，从过于强调学科本位转变为注重课程结构的均衡性、综合性和选择性，从过于注重书本知识转变为强调课程与社会生活的联系，从过于强调接受学习、死记硬背、机械训练转变为积极倡导学生自主、合作、探究的学习方式，从过分强调评价的甄别和选拔功能转变为积极发挥评价对学生发展、教师提高和改进教学实践方面的促进功能，从课程管理过于集中转变为三级管理，增强课程对地方、学校及学生的适应性。这一系列的变化必然对教师的专业素质特别是直接作用于学生学习行为的教学技能提出新的要求。

《语文教师有效教学技能案例训练丛书》的编写，以语文课程改革中教师的角色转变为指向，围绕当今语文教学所需要的专业技能，遵循教师专业发展的规律，以有效教学理论为依据，精选具有典型意义的案例来作为语文教师专业技能训练的材料，并设计出具有实用性、操作性及高效性的训练项目，以其推动语文教师专业技能培养的有效进行。

丛书以单元方式构建训练项目，呈现专项训练内容。每个单元都包含训练导言、案例评析、技能训练三大板块，力求使学习者获得知能并进的效益。丛书语言简洁易读，训练程序清晰。

《语文综合性学习教学技能训练》主要帮助学习者认识语文综合性学习活动的基本特点，掌握语文综合性学习活动的教学要领，以及开展语文综合性学习活动必备的基本技能。

本丛书适用于高等师范院校汉语言文学专业本、专科学生以及教育硕士专业学位研究生的教学技能训练，并可作为在职语文教师的业务培训教材。

为保证编写质量，本丛书各分册皆由具有丰富教师教育经验的普通高等师范院校语文课程与教学论教师、国家基础教育课程改革及教师继续教育培训专家担任编者，主要有陈建伟（华南师范大学）、许书明（四川师范大学）、欧阳芬（江西师范大学）、倪三好（安徽师范大学）、林晖（广州大学）、曾毅（广东肇庆学院）等。

本丛书编写中引用了部分同行的教学及研究成果，这些优秀成果必将在语文教师专业发展教育中发挥积极作用。在此，谨向这些同行致以由衷的谢意。

目 录

前 言 …………………………………………………………（1）

引 言 …………………………………………………………（1）

一、语文综合性学习 ……………………………………（1）

二、语文综合性学习教学技能训练 ……………………（13）

三、语文综合性学习教学技能训练的有关说明

……………………………………………………………（15）

第一单元 语文综合性学习·教学设计技能训练 ……（17）

【训练导言】 ……………………………………………（19）

一、语文综合性学习教学设计技能训练的目标 …（19）

二、语文综合性学习教学设计的基本做法 ………（19）

【案例评析】 ……………………………………………（29）

案例一："我的未来不是梦"综合实践系列活动设计

方案 ………………………………………………（29）

案例二："走近桥文化"语文综合性学习设计方案

…………………………………………………（32）

案例三：课本剧《雷雨》活动课设计 ………………（36）

【技能训练】 …………………………………………… (41)
一、教学方案设计训练 …………………………………… (41)
二、说课训练 ……………………………………………… (46)

第二单元 语文综合性学习·活动指导技能训练 …… (49)
【训练导言】 …………………………………………… (51)
一、语文综合性学习活动指导技能训练的目标 … (51)
二、语文综合性学习活动指导的基本做法 ……… (51)
【案例评析】 …………………………………………… (62)
案例一："寻觅春天的踪迹"教学设计 ……………… (62)
案例二："戏曲大舞台"教学记录 …………………… (64)
【技能训练】 …………………………………………… (67)
一、观摩训练 ……………………………………………… (67)
二、模拟教学训练 ………………………………………… (76)

第三单元 语文综合性学习·写作指导技能训练 …… (83)
【训练导言】 …………………………………………… (85)
一、语文综合性学习写作指导技能训练的目标 … (85)
二、语文综合性学习写作指导的基本做法 ……… (85)
【案例评析】 …………………………………………… (93)
案例一："端午的裹蒸粽"活动笔记 ………………… (93)
案例二：关于中学生课外阅读情况的调查与分析
…………………………………………………… (95)
【技能训练】 …………………………………………… (104)

第四单元　语文综合性学习·交流指导技能训练 ……（113）

【训练导言】……（115）

一、语文综合性学习交流指导技能训练的目标 …（115）

二、语文综合性学习交流指导的基本做法 ……（115）

【案例评析】……（122）

案例一：“走近潮汕群星——我也追‘星’”教学设计（节选）……（122）

案例二：“认识自我”教学设计（节选）……（126）

案例三：“情感体验”教学设计（节选）……（131）

【技能训练】……（137）

一、交流指导观摩 ……（137）

二、交流指导设计训练 ……（144）

第五单元　语文综合性学习·教学评价技能训练 ……（147）

【训练导言】……（149）

一、语文综合性学习评价技能训练的目标 ……（149）

二、语文综合性学习评价的基本做法 ……（149）

【案例评析】……（167）

案例一：“感悟情感”配乐情景朗诵的评价 ……（167）

案例二：“寻觅节日诗情”活动课实践设计 ……（171）

【技能训练】……（179）

一、设计评价方案训练 ……（179）

二、制定评价准则训练 ……（185）

三、评价设计反思训练 ……（187）

引　言

2001年颁布的《全日制义务教育语文课程标准（实验稿）》首次把“语文综合性学习”引进到语文课程体系中，使其成为与“识字与写字”、“阅读”、“写作”、“口语交际”相并列的五大板块之一。作为一种全新的课程形态，语文综合性学习集中而鲜明地体现了课程标准“积极倡导自主、合作、探究的学习方式”的基本理念以及“致力于形成和发展学生的语文素养”，使他们“具有适应实际需要的识字写字能力、阅读能力、写作能力、口语交际能力”的目标。同时，也对语文教师的教学技能提出了新的要求。语文教师必须对语文综合性学习有足够的了解，并具备组织学生开展语文综合性学习活动的教学技能。

一、语文综合性学习

语文综合性学习，是学生在语文实践活动中，综合运用语文知识、整体发展听说读写能力的过程，其根本目的是使学生的语文素养获得全面而协调的发展。《全日制义务教育语文课程标准（实验稿）》指出："语文是实践性很强的课程，应着重培养学生的语文实践能力，而培养这种能力的主要途径也应是语文实践"，"语文又是母语教育课程，学习资源和实践机会无处不在，无时不有。因而，应该让学生更多地直接接触语文材料，在大量的语文实践中掌握运用语文的规律。"而2003年颁布的《普通高中语文课程标准（实验）》也指出："应增进课程内容与学生成长的联系，引导学生积极参与实践活动，学习认识自然、认识社会、认识自我、规划人生，实现本课程在促进人的全面发展方面的价值追求。"

（一）语文综合性学习的特点

语文综合性学习具有综合性、生活化、自主性与合作性等特点。

1. 综合性

综合性主要体现在学习过程中，教师指导学生综合运用在课堂上所学到的语文知识及其他知识进行阅读、写作、口语交际。从学习目标上看，是知识和能力、过程和方法、情感态度和价值观三个维度的综合；从学习内容上看，是语文知识的综合运用、听说读写能力的整体发展、语文课程与其他课程的沟通、书本学习与实践活动的紧密结合；从学习形式上看，是教师的设计、实施与学生的自主参与、实践的综合，是读书、写作、表演、辩论、参观、采访、搜集资料等多种学习活动的综合。

值得注意的是，作为语文学习活动，它的“综合”是带有综合性质的语文学习，而不是各门学科的整合学习。这个“综合”要体现出语文性，一切学习活动都应当围绕语文学科的目标、特点、性质来进行，而其最终目标则是“学生语文素养的形成和发展”。语文课本中的不少综合性学习主题都涉及跨学科的内容，如《黄河，母亲河》涉及地理、历史知识，《感受戏曲大舞台》涉及曲艺知识，《探索月球奥秘》涉及天文学知识。当我们指导学生进行这些语文综合性学习活动时，必须意识到其他学科的介入是为了“拓宽语文学习和运用的领域”，开阔学生视野，使其初步获得现代社会所需要的语文实践能力。但我们仍然要以增长学生语文学科的基础知识，培养学生的听说读写能力，提高学生的语文素养为重点，而不能把语文活动课上成思想政治教育课、艺术表演课和历史、地理专题课。

2. 生活化

生活化主要体现在学习活动注意书本知识与实践活动的紧密结合，注意充分利用生活中的各种学习资源。语文出版社出版的《语文》（2001 年版，下同）在“致同学们”中说：“除了读有字的书之外，大家还应该读生活这部无字的大‘书’，关心‘家事、国事、天下事’，把书本知识和社会实践结合起来。我们在教科书中设计的‘综合性学习’等活动，就是为了帮助大家在生活中学习语文，运用语文，提高语文综合素养。”

强调生活也就是强调实践。语文综合性学习强调学生的亲身实践经历，要求学生通过“做”、“考察”、“实验”、“调查”、“探究”、“操作”、“反思”、“体验”等一系列活动观察自然，观察社会，积极参与小组活动、校园活动和社区活动，在活动过程中体验和感受生活。

3. 自主性

自主性主要体现在学习活动中强调学生积极主动的参与精神，倡导学生自己去发现或选择感兴趣且有价值的主题和内容，自己决定活动方案和活动结果的呈现形式。初中的《语文课程标准》提出“综合性学习应突出学生的自主性，主要由学生自己设计和组织活动，特别注重探索和研究的过程”。教师在设计和组织活动的过程中，要从整体出发，着眼于全体学生素质的发展，要关注学生的个体差异和不同的学习需求，尽量让每一个学生都有参与活动的机会，尤其是那些平时活动较少的学生，使他们有机会经历探求知识的过程，增强听说读写的能力，体验成功的喜悦。

4. 合作性

合作性主要体现在学习活动中强调合作精神，注意培养学生策划、组织、协调和实施的能力。初中的《语文课程标准》

对“综合性学习”评价的第一个着眼点就是“在活动中的合作态度和参与程度”。而强调的“自主性”，往往也是和集体活动结合在一起的，如“由学生自行设计和组织活动”已体现出合作的精神。

（二）语文综合性学习的功能

语文综合性学习具有以下几方面的功能：

1. 有利于学生体验成功的快乐

综合性学习形式多样，给学生提供了一个展示自我能力的平台。在完成学习任务的过程中，他们可以获得成功的体验，从而得到快乐。

2. 有利于提高学生的语文综合能力

综合性学习要求学生利用所学知识进行阅读、写作、口语交际，这有利于培养他们的语文综合能力。

3. 有利于培养学生合作探究的能力和良好的学习习惯

综合性学习要求学生把“自主”与“合作”相结合，并在很多情况下采用小组形式完成学习任务。学生在活动过程中，应对各种人际互动，在互动中学会交往，在实践中学会研究、学会做事，这有利于帮助他们真正实现学习方式的转变，培养合作和探究的能力。由于综合性学习呈开放态势，宽松的学习空间，能促使学生在一种动态、开放、主动、多元的学习环境中学习，这更有利于他们形成良好的学习习惯，包括思考的习惯、查阅资料的习惯等。

4. 有利于学生形成社会责任意识

学生在活动过程中，会初步形成对人与自然、人与社会关系的正确认识，注意个人行为对自然和社会环境产生的后果，逐步形成关注社会进步的意识，懂得社会发展人人有责的基本道理。

（三）语文综合性学习的内容与形式

1. 语文综合性学习的内容

语文综合性学习的内容丰富多彩，涉及众多范畴和主题。例如，人民教育出版社出版的初中《语文》教科书（2001 年版，下同），具体安排了如下一些内容：

七年级上：

“这就是我”、“漫游语文世界”、“感受自然”、“探索月球奥秘”、“我爱我家”、“追寻人类起源”。

七年级下：

“成长的烦恼”、“黄河，母亲河”、“我也追‘星’”、“戏曲大舞台”、“漫话探险”、“马的世界”。

八年级上：

“世界何时铸剑为犁”、“让世界充满爱”、“说不尽的桥”、“走上辩论台”、“莲文化的魅力”、“怎样搜集资料”。

八年级下：

“献给母亲的歌”、“寻觅春天的踪迹”、“科海泛舟”、“到民间采风去”、“古诗苑漫步”、“背起行囊走四方”。

九年级上：

“雨的诉说”、“微笑着面对生活”、“青春随想”、“好读书，读好书”、“金钱，共同面对的话题”、“话说千古风流人物”。

九年级下：

“脚踏一方土”、“走进小说天地”、“关注我们的社区”、“乘着音乐的翅膀”、“我所了解的孔子和孟子”、“岁月如歌——我的初中生活”。

广东教育出版社出版的《普通高中课程标准实验教科书·语文（必修）》（2004 年版，下同）设计的活动单元和课文单元中的“表达交流活动”也同样丰富多彩。

必修 1：

“认识自我”活动单元；“展现七彩人生”、“打开心灵之门”、“寻觅节日诗情”等表达交流活动。

必修2：

“体验情感”活动单元；“少年情怀都是诗”、“平凡之中见新意小论坛”、“文言虚词的整理积累”等表达交流活动。

必修3：

“感悟自然”活动单元；“做一个科普使者”、“一起来编故事”、“珠联璧合觅佳趣”等表达交流活动。

必修4：

“关注社会”活动单元；“社会自由谈”、“‘赞·弹·改’读书活动”、“常见文言词句整理积累”等表达交流活动。

必修5：

“走近经济”活动单元；“到新闻视窗‘亮相’”、“粉墨登场乐一回”、“妙语奇思尽挥洒”等表达交流活动。

2. 语文综合性学习的组织形式

语文综合性学习的组织形式并不单一，一般来说有以下几种：

(1) 综合性学习在单元中被单独安排为一个部分。

例如，语文出版社出版的初中《语文》教科书的每一册都设置了若干个“综合性学习”，其中，七年级上册包括“学会利用图书馆”、“调查社会用字情况”、“现代科技给我们带来了什么?”三项活动。

(2)综合性学习与写作、口语交际等的整合。

例如，人民教育出版社出版的初中《语文》教科书，七年级上册第一单元的“这就是我”中安排的一项活动是“在班里组织一次活动，由同学分别扮演‘考官’和‘应聘者’，进行一场模拟面试，内容是招聘小记者；活动后，“以‘这就是我’为题，写一篇500字左右的作文”。

再如，广东教育出版社出版的《普通高中课程标准实验教科书·语文（必修)》，除第一单元外，其他单元都安排了一项“表达交流活动”，如“必修3”的“表达交流活动”包括“做一个科普使者”、“一起来编故事”、“珠联璧合觅佳趣”等。其中“做一个科普使者”安排了这样的活动：“在班上进行一次身边科学问题展示会，每位同学都提出自己发现的一两个问题，看看谁提的问题最妙最有趣。然后，有共同兴趣的几位同学一起组成小组，对自己感兴趣的问题进行深入的探讨”；有计划地开展探究，如通过各种途径收集相关资料、访问有关的老师或专家、进行实验或调查；分工合作，把小组探究成果整理出来，“成果可以是平实严谨的科学小论文、活泼生动的科技小品、简洁实用的产品说明书、通俗易懂的解说词，也可以是幻灯片、网页、展板、自编小报，甚至是实验演示、小发明、小制作等”；最后，举办一次班级科普研究成果展示会。

（3）综合性学习单独作为一个“活动单元”，把阅读、写作、口语交际整合到一起。

例如，广东教育出版社出版的高中《语文（必修）》教科书，每一册的第一单元都是一个“活动单元”。其中“必修2”活动单元的主题是“体验情感”，单元提供了老舍的《我的母亲》、吴泰昌的《冰心：巴金这个人……》、黄河浪的《故乡的榕树》等三篇文章，分别供“希望体会亲情的小组”、“希望体会友情的小组”、“希望体会乡情的小组”重点阅读。每个小组都要求搜集整理与活动内容有关的古今中外言论、文学作品和影视资料，了解当前的状况，评估自己的相关观念，“要求每一位同学都撰写整个活动过程的笔记，及时记录下自己的所见所闻所思，分析你希望探讨的这种情感的有关问题”。

（4）综合性学习和阅读活动的整合。

实际上，指导学生阅读每一篇课文时都可以组织他们进行一些综合性的学习活动。例如，深圳教育学院附中的杨雯老师在执教“人教版”七年级上册课文《绿色蝈蝈》时，设计了一个“漫游昆虫世界”的活动（《探究·活动案例》，人民教育出版社、延边教育出版社2003年版）。其中，“活动目的”包括：第一，认识奇妙的昆虫世界，培养探索求知世界的兴趣；第二，锻炼学生面对观众讲话的胆量，训练口语交际能力。“活动准备与要求”包括：第一，学生通过书籍、网络等渠道查找有关昆虫的资料。例如，昆虫趣闻、昆虫之最、昆虫遗迹、昆虫小科学、昆虫名著等，并将素材制作成课件，电脑展示；第二，要求讲话落落大方、坦诚自然，表达流利，时间不可以超过3分钟，尽量不看稿，让大家有所收获。“活动安排”：第一，每堂语文课前3分钟，由1位同学上台介绍；第二，学生介绍结束后，教师作简要点评，并提出新的要求。

（5）语文学习和其他学科知识学习的整合。

严格来说，这种类型的综合性学习不属于语文学习的范畴，它可以用课外时间或非语文课时间进行。例如，有一个活动题为“飞来飞去的伙伴——鸟”［见《综合实践活动（研究性学习资源包）》，教育科学出版社2001年版］。这项活动通过给学生提供“背景”阐述了活动的意义和目的：“你到过青海湖的鸟岛吗？那数以万计的鸟在水天之间腾飞的景象，会令你大开眼界，惊叹不已！鸟类为人间带来了欢乐，鸟语花香永远是人们向往和陶醉的环境……”

“鸟类是大自然的小精灵，是自然界中最明显的环境指标，然而都市人除了在动物园或鸟市的鸟笼里可以看到各种各样的鸟以外，只能看到一些麻雀和乌鸦在天上自由地飞翔。不同种类的鸟有它自己生存的环境，人类的活动对鸟类的生存产生了什么影响？我们的生活环境中鸟类的数量是增加了还是减少了？今天我们就要通过观察和调查来了解这些问题。”

“活动准备”包括两项：第一，走访调查周围的人，如家长、亲友、乡亲、邻居等，了解所在生活环境里若干年前鸟的种类、数量等方面的情况，以及目前的情况；第二，到所在地的图书资料馆、有关部门（如林业局、植保站、学校、科研部门等），查阅有关鸟的各种资料，包括文字、图片、实物标本等。

“活动过程”包括两部分内容：第一，调查。“请爷爷、奶奶、爸爸、妈妈或者叔叔、阿姨回忆他们小时候家乡都有什么样的鸟，数量如何？与过去相比，现在鸟儿在种类和数量方面发生了哪些变化？分析可能的原因。”然后要求学生把相关内容填入一个表。这个表包括“40 年前”、“20 年前”和“现在”的“鸟类名称”、“数量”、“鸟类的生存环境状况”。“活动提示”：“可以利用各种资料，如历史书籍、插图、照片、电影等，了解家乡过去都有一些什么样的鸟，数量多少。”第二，观察。“根据条件，到家乡附近某一地区观察鸟的种类和数量。根据调查区域的鸟类分布情况和活动规律，设计观察记录卡片。卡片内容包括日期、地点、观察时间、天气、参加人员、鸟类名称及数量等。将调查结果填入观察记录卡片。”

“探索与研究”提供了两个研究课题：第一，家乡鸟的种类和数量变化的原因是什么？查阅资料，了解家乡过去和现在所拥有的鸟类生存需要的自然环境。思考：哪些鸟是由于环境状况变得更适合它们生存而数量增加了？哪些鸟是由于环境状况变得不适合它们生存而数量减少了？又新来了哪些鸟？它们为什么会来这里？家乡鸟类生存环境变化的原因是什么？哪些是人为造成的？哪些是自然原因？对改善该地区环境状况有哪些建议？第二，我们如何以实际行动来保护鸟类？

可以看出，这样的综合性学习主要是语文学科、生物学科和地理学科知识的整合，而其中又需要运用阅读、写作、口语交流等语文能力。

二、语文综合性学习教学技能训练

（一）语文综合性学习教学技能训练的内容

作为一种学习形态，语文综合性学习具有很强的活动特征。因此，从教师技能训练的角度考虑，语文综合性学习教学技能至少应当包括教学设计技能、活动指导技能以及效果评价技能等。

1. 教学设计技能

语文综合性学习的教学设计是指对组织一次语文综合性学习活动的教学策划，主要包括教学目标、活动主题、活动规模、活动要求、活动评价等的设计。

2. 活动指导技能

一般来说，综合性学习包括活动、写作、交流等三个环节，作为师范专业的学生，应该具备这三个环节的指导能力。其中，活动环节包括活动前准备以及资料搜集、调查研究等内容；写作环节包括撰写调查报告、讲话稿（演讲词）等内容；交流环节包括展示成果、汇报总结等内容。应该说明的是，“写作”、“交流”本来也属于“活动”的一个内容，这里把它分开，只是为了突出重点，便于技能训练。

3. 效果评价技能

语文综合性学习活动的评价，包括对整个活动的全面评价。既要对活动效果进行评价，也要对活动的过程进行评价，尤其要关注学生在活动过程中取得的进步。评价的方式可以是口头评议，也可以是书面的评语或评分。

（二）语文综合性学习教学技能训练的方式

语文综合性学习教学技能训练主要有以下三种方式：

1. 教学观摩

教学观摩包括录像教学观摩和现场教学观摩。

2. 设计作业

设计作业可以是对整个活动的教案设计，也可以是对某个教学片断的教学设计。

3. 教学见习与实习

教学见习与实习包括模拟教学、微格训练以及现场教学。

模拟教学指的是模仿教学进行的训练，可以以班为单位进行，也可以以小组为单位进行。微格教学指的是把通常复杂的“宏观”课堂教学变为缩减了的“微型”课堂，而师范生分别扮演教师和学生在其中进行模拟的课堂教学，并且按一定的规格和培训程序进行教学实践。现场教学，即让学生直接到中学课堂进行试教。现场试教的学生每次只限于2～3人，每人1～2课时，其余学生现场观摩，观摩后由指导教师（教学法主讲教师及实习学校原科任教师）作讲评。语文综合性学习教学技能训练一般用模拟教学，如果有条件也可以进行微格训练和现场教学训练。

三、语文综合性学习教学技能训练的有关说明

本书的训练按单元进行，一共包括五个单元，即教学设计技能训练、活动指导技能训练、写作指导技能训练、交流指导技能训练及教学评估技能训练。

每一个单元包括四项内容。

其一，训练名称。

其二，训练导言。导言包括训练目标和完成该项教学活动的基本做法。“基本做法”实际上就是对训练的具体辅导。阐述“基本做法”时应有意识地结合语文教材中的具体活动项目。

其三，案例评析。每一个训练都提供了若干个实例，并进行了简要的点评。应该说，综合性学习的开展还处于探索阶段，所举的实例并不一定优秀，但具有一定的代表性。

其四，技能训练。每一个训练都提供了若干个训练项目，对每一个训练项目都有“提示”。

第一单元

语文综合性学习·教学设计技能训练

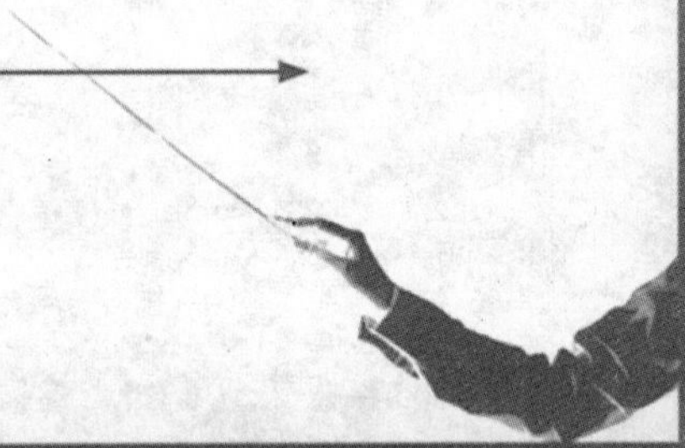

【训练导言】

一、语文综合性学习教学设计技能训练的目标

语文综合性学习教学设计技能是一种策划、制订语文综合性学习教学方案的能力。

训练语文综合性学习教学设计技能，可以通过设计、说课等方式进行。

学生通过训练应该达到以下学习目标：

（1）了解语文综合性学习教学设计的基本规律与做法。

（2）具备语文综合性学习教学设计的基本技能。

二、语文综合性学习教学设计的基本做法

1. 掌握教学内容

进行教学设计，首先得解决“教什么”的问题。要解决“教什么”这一问题，显然需要认真钻研教材。

教材是教学的依据，阅读教学、写作教学要依据教材，活动教学同样不能离开教材。应传授给学生什么知识，发展学生

哪些方面的能力，都应根据教材而定。实际上，只有深刻理解教材，在教学设计及实施时才能得心应手。所以，钻研教材，熟悉教材，掌握教学内容是教学设计的首要环节，也是关键环节。

（1）阅读并掌握《语文课程标准》中的相关要求。

教材是根据《语文课程标准》的“编写建议”编制而成的，掌握教材当然应该首先了解《语文课程标准》的相关要求。

义务教育阶段的《语文课程标准》中的每一个学段都对“综合性学习”提出了具体要求。例如，第四学段（初中阶段）的要求有四点，分别是：能自主组织文学活动；能提出学习和生活中感兴趣的问题，选出研究主题，制订简单的研究计划，写出简单的研究报告；就共同关注的热点问题，搜集资料，调查访问，相互讨论，展示学习成果；掌握查找资料、引用资料的基本方法。

高中阶段《语文课程标准》，也有不少篇幅提到综合运用语文知识的要求，比如在“课程目标”的“应用·拓展”中提出“能在生活和其他学习领域中，正确、熟练、有效地运用祖国语言文字”，“积极参与先进文化的传播和交流”，“通过广泛的实践，提高语文综合应用能力”。

（2）阅读单元相关提示。

综合性学习内容是根据单元要求编写的，单元的相关要求也是对综合性学习活动的要求。例如，人教版八年级下册第一单元的“综合性学习·写作·口语交际”的内容是《献给母亲的歌》，这个单元由鲁迅的《藤野先生》、胡适的《我的母亲》等五篇课文组成（以下简称《藤野先生》单元）。单元提示：阅读这个单元的课文，“会让我们体悟到人生奋斗的意义，感受到人间的关爱与温情”；学习课文“要融入自己的生活体验，感悟课文的思想内涵，进而了解社会人生”。

高中阶段的“综合性学习”内容往往在必修课或选修课相关栏目中体现出来。例如，人教版《语文（必修1）》（2004年版）“梳理探究”单元的《新词新语与流行文化》实际上就是一种综合性学习活动。这个单元另外两个专题内容是《优美的汉字》和《奇妙的对联》。《新词新语与流行文化》也有一段提示：“语言，尤其是词汇，迅速而忠实地记录了这些变化与发展，因而随着社会的发展会不断涌现大量的新词新语。现在，就让我们对新词新语作一番检视与探究。”

（3）阅读教学内容相关材料。

其一，了解训练单元的主题。

例如，《藤野先生》单元“综合性学习·写作·口语交际”的主题是“献给母亲的歌”，而《新词新语与流行文化》的主题是检视与探究新词新语。

其二，了解训练提供的内容和方式。

例如，《献给母亲的歌》提供了四个活动内容：搜集并编辑有关母爱的文学作品、新闻报道、有关格言、俗语等材料，在班上交流；采访母亲，为生活中的母亲拍照，并为每张照片写标题；围绕“母亲的生活小事”、“理智的母爱是怎样的”等话题在班上与同学交流；以“献给母亲的歌”为题召开一次主题班会。《新词新语与流行文化》提供了几个活动内容，这些活动有的是课内的，有的是课外的，主要有：搜集、整理新词新语，试着与同学合编一本新词新语小册子；以班组为单位召开一次小型座谈会，讨论一下现在流行哪些新词新语，它们来自哪里，流行范围有多大，反映了什么样的文化现象；搜集资料，探讨一下新词新语与流行文化之间的关系。

其三，了解训练提供的参考资料。

例如，《献给母亲的歌》提供了三组参考资料：与母亲有关的俗语、格言；孟郊的《游子吟》等体现出母爱的诗；付林的诗歌《妈妈的吻》。

《新词新语与流行文化》提供了“走近新词新语”、“新词新语的产生途径”、“新词新语与流行文化”等三则材料。

2. 了解教学对象

(1) 一般性了解。

了解学生的语文学习兴趣。可以运用比较的方法加以了解，如语文学习兴趣和数理化学习兴趣的相互比较；实用文和文学作品学习兴趣的相互比较；具体语文活动形式和内容的相互比较，等等。

了解学生的语文知识水平及语文能力。不同学校、不同班级、不同个人，相互间差异很大。

了解学生对语文教学（尤其是语文综合性学习教学）的要求。例如，对活动内容的要求，对活动形式的要求。

一般性的了解，主要在平时进行。

（2）针对性了解。

所谓针对性了解，是要了解学生对即将进行的语文综合性学习活动的兴趣、学习要求及所具备的与实现活动目标有关的相应知识和能力。

例如，如果要组织《献给母亲的歌》等四项学习活动，应该对学生以下情况加以了解：学生的家庭环境（生活状况和教育状况）；诗歌朗读兴趣及朗读水平；以往开展课外活动的基本情况，等等。如果要组织《新词新语与流行文化》的相关学习活动，应该对学生以下情况加以了解：学生阅读报刊的习惯；学生上网的习惯；学生的语言文字水平，等等。

3. 确定教学目标

教学目标是指学生通过学习以后能达到的标准。

当掌握了教学内容，并对教学对象的情况进行了分析之后，就可以在此基础上确定具体的教学目标了。

目标可以从三个维度确定。我们以《献给母亲的歌》的活动训练为例进行说明。

其一，知识和能力目标。着重引导学生了解有关文学作品的文体特征，以及品味含义丰富的语句；培养学生搜集资料和整理资料的能力。

其二，过程和方法目标。着重引导学生了解综合实践活动的过程，并使其掌握相关方法。

其三，情感态度和价值观目标。着重引导学生感悟母爱，并进而了解社会人生。

我们再以《新词新语与流行文化》的活动训练为例进行说明。

其一，知识和能力目标。着重引导学生对新词新语进行检视与探究，使其能正确、熟练、有效地运用祖国语言文字。

其二，过程和方法目标。着重引导学生了解、梳理探究的过程，并使其掌握相关方法。

其三，情感态度和价值观目标。着重引导学生热爱祖国的语言文字。

4. 策划教学活动

策划教学活动指的是为实现教学目标而组织具体活动所进行的思考和谋划。这是教学设计的中心部分、核心环节，解决的是“如何教学”的问题。

策划教学活动，具体来说，就是思考并谋划如何组合与运用一定的教学媒体，采用一定的教学方法，指导教学对象在一定的教学单元里完成学习任务。

作为综合性学习活动教学的策划，一般要考虑三个环节，即活动前指导，活动中指导以及活动后指导。我们以《献给母亲的歌》为例进行说明。

活动前指导一般在课室进行。它主要包括以下三个小环节，即回顾本单元胡适的《我的母亲》；朗读“参考资料”中与母亲有关的俗语、格言以及表现出母爱的诗句；思考以下三个问题，选择其中一个，在班上以小组形式进行交流：①举出几件倾注着母亲无尽关怀的生活小事，再说说你的感受。②狐狸的母亲在自己的孩子长大后会把它赶出巢穴，强迫它开始独立生活。你怎样看待狐狸母亲的这种行为？你认为理智的母爱应该是怎样的？③我们从母亲那里得到的不只是爱的抚慰，往往还有做人的道理，处世的态度。人们常说：母亲是孩子的第一任老师。请你对自己的“第一任老师”作一个客观的评价。同时，指导学生分为若干个小组，要求他们利用课外时间搜集资料、编辑描写母爱的作品，并采访母亲。

活动中指导可以在课室进行，也可以在室外或校外进行。指导学生发现活动中的问题并解决问题，以及撰写文章或活动报告。

活动后指导一般在课室进行。指导学生展示成果和分享成果，可以包括以下环节：回顾活动前的要求；各课外小组展示自己的作品或采访文章；教师组织学生对成果进行评议。

我们再以《新词新语与流行文化》为例进行说明。

活动前，指导学生阅读《新词新语与流行文化》一文；理解什么是“流行文化”；探讨“酷”、“白领”等词语的含义；指导学生分为若干个小组，用课外时间搜集、整理和编写新词新语手册。

活动中，指导学生解决编写手册中遇到的疑难问题。

活动后指导以班级为单位进行。它主要包括以下环节：各课外小组展示自己的词语手册，并介绍编辑过程；讨论现在流行哪些新词新语，它们来自哪里，流行范围有多大，反映了什么样的文化现象；教师组织学生对成果进行评议。

5. 编写教学方案

策划教学活动，重在“谋”，重在思考和谋划；编写教学方案，重在“编”，重在编排和制订，是把教学设计的结果写成书面材料的活动。实际上，这两个环节是紧密联结在一起的。

编写教学方案是教学设计中的一个不可缺少的环节，一方面，它给教师提供了实施教学的蓝本，使教师能依照一定的路线组织教学；另一方面，它为重复教学及教学研究留下一份有价值的参考资料。

教学方案的编写以切实好用为原则，形式较为灵活。作为新教师，一般都采用文字说明式来编写教案，文字说明式也是教案编写的基本形式。

用文字说明式编写的教学方案一般包括教材和教学对象分析、教学目标预设、教学时数、教学过程等几个部分。

(1) 教材和教学对象分析。

教材和教学对象分析是教学目标设定的依据。通过分析预测学生参与该活动的积极性，以及可能出现的问题。

(2) 教学目标预设。

教学目标预设包括上述提及的知识与能力、过程与方法、情感态度与价值观等三个维度。

(3) 教学时数。

教学时数包括课内时数和课外活动周数，如《献给母亲的歌》的实践活动可以设计为三周，其中课内三课时。

第一课时为活动指导。

第二课时为写作指导。活动指导和写作指导之间可以安排两周。

第三课时为成果展示。写作指导和成果展示之间可以安排一周。

(4) 教学过程。

教学过程是教学方案的主体部分。

一般阅读课的教学过程是分课时编写的，而综合性学习活动的教学过程可以分部分（或段）编写，比如活动部分、写作部分、交流展示部分等。它一般包括活动教学基本环节以及教学内容要点两部分。

活动基本环节应简明扼要地展示出整个教学思路。例如，《献给母亲的歌》的“活动部分”的基本环节可以设计如下：

板书课题，简单介绍活动主题和目的；
阅读胡适《我的母亲》片断；
朗读与母亲有关的俗语、格言和诗句；
小组交流“母亲的生活小事”等三个话题；
指导开展课外活动。

每一个部分要分别预算出所需教学（活动）时间。

教学内容要点主要包括讲解内容、训练内容、教学方法以及教学媒体运用的内容。

书写要规范。例如，提问的“答案”要“明确”；讨论要有“要求”；解说要有“要点”；训练要有“参考答案”等。

【案例评析】

案例一："我的未来不是梦"
综合实践系列活动设计方案

广州大学附属中学 余 伟

模块一

活动主题：认识自我、规划自我

活动目的：（1）审视自我、学习他人。

（2）端正人生态度、规划自己的人生。

（3）学习搜集整理资料，积累生活中的写作素材。

（4）提高语言实际运用的能力。

活动过程：（1）阅读优秀的传记。

（2）采访父母、亲友等，征询其对自己的看法及意见。

（3）撰写自述性散文。

（4）评价反思。

(5) 学习采访技巧。

(6) 采访成功人士，了解成功所要具备的品质。

(7) 以“成功”为话题，为所采访人物立传。

(8) 写作活动心得，规划人生之路。

模块二

活动主题：激活你的触觉，丰富你的情感

活动目的：(1) 发现生活中的爱，学会与他人和谐相处。

(2) 怀感恩之心，尊重情感，珍惜情感，珍惜生活。

(3) 掌握表达情感的技巧与方法。

(4) 提高口语表达的能力。

活动过程：活动重点是“亲情”。

(1) 品味文学作品中的“情”，撰写读书笔记。

(2) 发现生活中的“爱”，撰写观察笔记。

观察对象：你的父亲或母亲。

观察一：一张老照片。

观察二：一些关爱细节。

观察三：一次真心交流。

观察四：一点主动回馈。

(3) 倾诉心灵中的“情”，写抒情散文并进行配乐情景朗诵。

模块三

活动主题：感悟自然，领会生活

活动目的：(1) 欣赏自然之“美”，学习自然之“魂”，提高审美情趣，进一步规划人生。

(2) 提高写景抒情散文的写作能力。

活动过程：(1) 观察自然，写作观察笔记。

(2) 学习自然，写作咏物小诗。

(3) 反思自然，写作写景散文。

(4) 交流探讨自然之“美”。

模块四

活动主题：感悟人文景观，领受历史馈赠

活动目的：(1) 感悟人文之“美”，认识传统文化，增强文化底蕴，继承发扬传统精神。

(2) 学习写作文化散文，创作对联。

活动过程：(1) 参观人文景观，发现广州之“美”。

(2) 学习名家名篇，感悟人文之“美”。

(3) 感悟人文景观，挖掘人文内涵。

(4) 品味传统文化，创作散文对联。

(节选自《行动与创新》，华南理工大学出版社2007年版)

评析：

《我的未来不是梦》是根据粤教版普通高中《语文》（必修1）第一单元和第二单元的学习内容设计的。第一单元的主题是“认识自我”，包括朱光潜的《朝抵抗力最大的路径走》等三篇文章；第二单元的主题是“传记”，包括陈廷一的《“布衣总统”孙中山（节选）》等五篇文章。活动设计者的总体思路是把第一、二单元的学习内容整合到一起。学生通过阅读第一单元的课文，反省自身，引发“认识自我”的兴趣；然后学习第二单元，向名人学习，产生“规划自我”的愿望；再安排学生走向社会、走近他人，以“寻找成功者的足迹”为主题，进行采访调查，由此反观自己，规划自我，实现理想。

整个活动过程内容丰富，融读、写、口语交流于一体。

案例二：“走近桥文化”语文综合性学习设计方案

广东省东莞市竹溪中学　诸丽芳

（一）活动目标

通过资料的搜集、整理和探究，使学生较全面地了解“桥”，领略我国丰富的桥文化，激发学生的民族自豪感和培养爱祖国爱家乡的情怀。

通过参观、摄影、搜集资料和调查采访等形式培养学生的实践活动能力；通过文字、照片、绘画、相声、故事剧等形式展示汇报活动成果，使学生体验成功的喜悦，并提高文化素养。

通过口语训练、写作、绘画等提高学生的口头表达能力、组织能力、写作能力和想象能力。

（二）活动设想

桥是我们生活中常见的事物，即使一座普通的桥也蕴涵着很多的科学知识和丰富的文化。记得一位名人曾说过：生活的外延有多宽，语文学习的外延就有多宽。基于此，我认为很有必要让学生知道我们身边像桥这样常见的事物也蕴涵着丰富的文化，也可以成为我们学习探究的对象。而人教版八年级上册《语文》教材第三单元综合性学习刚好也安排了这个主题：说不尽的桥，其目的是让学生通过活动了解桥梁知识，领略丰富的桥文化。于是，教师设计了这一次综合性学习，希望学生通过活动的形式积极参与到语文学习中去，真正成为学习的主人，使书本知识与实践活动相结合，课内知识与课外知识相结合，使课内学到的知识在课外得以延伸和拓展。

（三）实施过程

1. 阶段一：确立主题，分组探究

时间：一周

(1) 明确活动主题、任务。

(2) 分组。每班分为7大组，每组指定一个组长，其他学生自愿加入，老师调配各组人数。

(3) 确定研究主题。活动主题分为“桥梁知识”、“中外名桥”、“桥梁故事”、“桥与诗歌、谚语”、“桥的命名”、“桥意新译”、“桥梁设计”以及“虎门大桥”、“调查村里的桥”等。学生小组根据兴趣爱好，自选研究主题。

(4) 个别辅导。

2. 阶段二：搜集整理资料，准备成果汇报

时间：两周

(1) 搜集整理有关桥的资料。

学生利用互联网和图书馆搜集相关资料。

(2) 参观虎门大桥。

布置学生利用周末时间去邻镇参观虎门大桥。提示要留意观察桥的结构特点，并做好拍摄和记录工作。要求学生参观时一定要有家长陪同。

(3) 指导“新围大迳组”进行实地参观、采访、调查。提示他们测量每座桥的长度、桥面的宽度和桥的高度，留意观察桥的结构特点和修建时间，采访附近的老人看能否了解到关于桥的传说故事，并做好记录。此外，还要求他们在一定时间内对桥的人流量做

好记录，为写好调查报告准备第一手材料。

（4）讨论交流。

在一周后的两节语文课上，安排各小组就搜集的资料进行组内讨论交流，讨论如何展示、汇报小组的研究成果，并要求每组出一份手抄报或电脑小报，来展示小组资料收集的成果。

（5）汇报成果。

学生准备成果汇报，排练汇报节目。要求学生在汇报课前必须排练两次以上，排练主要利用课余时间进行。指导实力薄弱组的成果汇报，如“中外名桥组”。

（6）选出一名学生主持成果汇报公开课，指导学生主持人撰写主持稿，并要求每组组长主持该组的成果汇报节目。要求各组在成果汇报时为自己的小组确定一个组名，并准备口号。

3. 阶段三：展示、汇报活动成果（公开课）

时间：两节课

（1）导入。

（2）各组成果展示、汇报。

（3）做一回桥梁设计师。

（4）颁奖。

评析：

综合性学习要注意结合学校和班级的实际。该教学设计者在设计这一活动方案时考虑到“东莞有著名的虎门大桥，以及厚街本地一些管理区还保留部分古老桥梁”，于是增加了“调查虎门大桥”和“调查村里的桥”两个主题。活动分为三个阶段，每个阶段每一环节都有具体内容和要求。

案例三：课本剧《雷雨》活动课设计

广州市第二中学　汤碧云

（一）活动目标

（1）通过演出课本剧拓展视野，促进学生深入了解20世纪30年代中国社会背景和作者的写作目的，并在实践中学习理解戏剧知识。

（2）通过酝酿演员人选，准备服装道具，讨论人物剧情，调动大多数同学参与的积极性。

（3）通过说戏、排戏、演戏，锻炼学生阅读理解、听说等语文实际能力及组织能力。

（4）培养学生对高雅艺术的审美情趣，提高审美品位。

（二）活动准备

（1）到图书馆借阅《雷雨》全剧剧本。

（2）研究、筹借30年代的服装和发型，包括周朴园的长衫或睡袍，繁漪的高档旗袍，侍萍、四凤、鲁贵的下人服装，周萍、周冲的长衫西服，繁漪、侍萍的发髻，四凤的长辫子等。

（3）舞台布景。

尽量采用已有的桌椅，因地制宜。主要布置两个场景：一是周家客厅。摆一长一短（木）沙发，一个茶几，上铺台布，放一瓶花，舞台偏后处放一张稍高的桌子或讲台，铺上台布作柜子，柜面放一个小镜框，当做侍萍年轻时的照片。二是鲁贵家。学生书桌拼成的小饭桌，几张旧凳子，鲁贵用的烂葵扇放在凳子上，用两张桌子拼作窗台，挂一幅窗帘，以便周萍从窗外跳进屋内。

（4）音响效果。

为每位演员配备无线麦克风，台上演员所站的位置上方须悬挂有线麦克风。要求每个演员的声音都要清晰响亮，因为这是话剧，语言效果最为重要。

（5）准备评分标准。

（6）邀请评委。

可邀请熟悉剧本，有一定文艺批评能力的老师、话剧团的编导、演员或高年级的同学担任评委。

（三）活动过程设计

根据高二年级语文课文《雷雨》剧本选段，拓展阅读全剧，由全级六个班合作演出全剧，每班演出其中一部分，比赛评奖。评出最佳效果奖、最佳角色奖等。

(1) 由各班语文科代表和文娱委员组成课本剧演出组委会，分工组织各项工作，包括把剧本划分成相对独立完整的六个部分，准备演出场地、音响器材，邀请专家评委，制定评分标准等。

(2) 按照《雷雨》全剧剧本，相对分为六部分，尽量使剧情独立完整，可分为：

①周家客厅。鲁贵告诉四凤周家闹鬼的事。

②周家客厅。繁漪被迫吃药；侍萍到周家找四凤。

③周家客厅。侍萍遇上周朴园；鲁大海冲入周家（课本节选部分）。

④鲁家。周冲到鲁家找四凤，被鲁大海赶走。

⑤鲁家四凤房间。周萍从窗外跳进房内，繁漪在外反扣窗户；周家客厅中周萍与繁漪对话。

⑥周家客厅。全体人物出场，繁漪道出各人关系的内幕；全场戏在高潮中结束。

六个班分别抽选其中一部分排演。限定演出时间，每段只能演出 10 ~ 15 分钟，各班视剧情进行增删。

（3）排练。

①导演。各班由语文科代表或有兴趣有才干的同学担任导演。导演负责确定演员人选（自报、公议、推荐相结合），分配任务，组织排练，说戏示范，并作指导。

②演员。要求熟悉剧本，熟练地有感情地背诵台词，还要熟悉对手的台词，以便应对如流。

准确把握人物的身份、性格、思想、神情和语气，台步自然，动作可以稍大，注意亮相时千万不要背对观众。

普通话准确、流利，吐字清晰，声音响亮，音调比实际生活高几度。

不要偏台。不要局促在舞台的一角或一小部分地方。要大度，演员所处的位置要尽量展开，占满舞台的空间，即使只有一个演员上场，也要用语言和神采使整个舞台的空间饱满，吸引观众。

（4）演出。

主持人负责幕间串接剧情。

布景撤换要快。要设舞台监督，各班工作人员必须非常熟悉本班节目的舞台布景。

（5）评委评分。

评分角度，主要看总体效果和演员对角色把握的程度。具体看评分标准。

（节选自《中学语文教学设计》，新世纪出版社 1999 年版）

评析：

这是 20 世纪 90 年代末的一个教学设计。当时还没有“综合性学习”这样的提法，在高中提的是“活动类课程”（和“学科类课程”相对）。1996 年颁布的《全日制普通高中语文教学大纲（供试验用）》提出：“活动类课程包括阅读活动、写作活动、听说活动等。要有计划地开设，选用优秀教材，因地制宜，讲究实效。可以组织读书报告会、朗诵会、故事会、演讲会，还可以组织各种语文小组和文学社团，丰富学生语文活动的内容。”

这种“活动课”实际上也是综合性质的。例如，这个《雷雨》话剧的排练和演出，要求学生综合运用语文读写听说各种能力。即使不用参与演出的同学，也需要阅读剧本和讨论剧本。

从设计角度看，教案要重视细节，注意到活动的每一个环节，使之具备很强的操作性。

演出分为六部分是根据该校实际情况而定的，如果其他班级想参考这个设计，当然应该根据自己班级的具体情况来划分。

【技能训练】

一、教学方案设计训练

［训练 1］

以下材料节选自人民教育出版社义务教育课程标准实验教科书《语文》（2001 年版）七年级下册的“人物”单元。该单元包括杨振宁的《邓稼先》、臧克家的《闻一多先生的说和做》、何为的《音乐巨人贝多芬》、莫泊桑的《福楼拜家的星期天》、《资治通鉴》中的《孙权劝学》等文章。请你认真阅读，并根据材料设计一组活动教学方案。方案包括活动指导一课时、写作指导一课时、展示成果一课时等。要求体现出对初中语文课程理念的理解；格式规范、结构严谨、文字流畅、书写工整。

每个人心中都有自己崇敬的名人。这些名人，可能是伟人、专家、学者……当然，也可能是影视明星、体育明星等。那么，你最崇敬的人物是谁呢？他在你心目中占有什么样的地位？你又是怎样评价他的呢?

从下面三项活动中任选一项，按照要求认真完成。

(1) 名人故事大家讲。

请你搜集整理你所知道的名人故事。然后，以小组为单位，向同学讲讲你认为最有价值、最感人的故事片段，看谁讲得生动有趣。每位同学至少要讲一个，讲完后再说说自己的感受。听的同学也可以发表感想。

(2) 最近我在读。

全班或分组召开一次读书交流会，向同学介绍一篇或一本你最近读过的人物传记。要注意用简练生动的语言介绍这篇或这本人物传记的主要内容，包括传主的主要事迹、作者对传主的评价等，还可以谈谈你对传主的看法。

(3) 瑕瑜互见说名人。

名人之所以成为名人，是因为他们可能在某一个方面为社会作出了比较大的贡献，但这并不意味着他们生活工作的各个方面都是值得我们肯定和学习的。例如，我们常看到或听到某某歌星偷逃税款、某某主持人索要高额出场费等。那么，你知道你所崇敬的名人有哪些缺点吗？如果有，是些什么样的缺点？你怎样看待这个问题？讲给同学听听。

［**训练**2］

以下材料节选自广东教育出版社《普通高中课程标准实验教科书·语文（必修5）》（2004年版）的“走近经济”单元。该单元包括王则柯的《钱》、茅于轼的《市场经济中新的道德和法治》、沈杰的《向小康生活迈进的期待》等文章。请你认真阅读，并根据材料设计一组活动教学方案。方案包括活动指导一课时、写作指导一课时、展示成果一课时。要求体现出对高中语文课程理念的理解并做到格式规范、结构严谨、文字流畅、书写工整。

我们每天必须吃、喝、住、穿，然后才能从事学习和其他社会活动，因此，人类开展经济活动就成为一种必需。要想了解市场经济活动与人类生存发展的复杂关系，可以运用所学过的语文知识和所掌握的语文技能，选定一个与自己、家庭或社区经济活动密切相关的课题，以“走近经济”为平台，开展一次语文综合学习活动。

（一）**读文选题**

联系个人、家庭和社会的实际，与同学交流，讨论自己最感兴趣的经济问题，确定活动的课题，按课题组成“走近经济”语文学习活动探究小组。

（二）实践探究

（1）制订活动方案。学习活动探究小组共同讨论、制订活动计划，明确探究题目，确定活动的目标、内容、方式、分工与合作的要求、成果体现形式等。

（2）查找相关资料。

（3）问卷调查。

（4）专题访谈。

（5）实地考察和调查。认真做好调查工作，搜集和保存调查所得的资料信息。

（三）总结交流

（1）活动小组根据活动的目标整合资料，小组成员互相交流对问题的看法；每个人自选角度，组织材料，撰写一篇调查报告、访谈纪要、新闻报道或小论文等。

（2）活动小组优化组合各人文章的优点，集体合作写出本小组的调查报告。

（3）可以将学习活动的成果编辑成手抄报或制作成网页，尽可能做到图文并茂。

（四）展示评价

各活动小组展示学习成果。有条件的小组可以将学习成果制作成演示文稿，进行演示。

设立调查报告、音像作品、访谈、手抄报、演示文稿等单项奖。

小组自评和互评，教师、家长和社会有关人士参评，可以从创新精神、个性特长等角度，鉴赏和评议小组的探究成果，提出改进建议，然后评出各单项奖。

小组成员交流本次学习活动的心得体会和收获。

训练提示：

教学设计是师范专业学生技能训练的重要内容。

训练前或训练过程中，阅读都是非常重要的。

建议重读《教育学》，回顾该书阐述的基本原理。教学设计是一种研究活动，进行这样的活动就要注意发现问题和解决问题，而要达到这一目的，就要掌握一定的教学理论知识。

在此基础上，阅读相关优秀教师的教学案例，阅读时要注意了解案例的教学环境。

进行综合性学习活动的教学设计，要掌握相关知识，比如进行［训练 2］的设计，要认真阅读该单元《钱》等几篇课文，以及近期报刊上有关经济、民生等问题的报道，使自己对“经济”知识以及“经济”现状有比较深入的了解。

要重视问题设计的启发性，比如组织［训练 1］的活动，首先要明确什么是“名人”。当学生谈了自己“最崇敬的人物”后，还可以让他们谈谈对其他同学所谈及的“名人”的看法，这有利于打开他们的思路。

可以全班共选一项活动进行，也可以根据学生的兴趣，分为两个或三个小组进行。［训练2］应把重点放在指导学生设计调查问卷上。问卷调查的内容要接近实际，但不宜复杂。

师范专业学生的教学设计一般要求相互合作、独立完成，也就是“自主”、“合作”和“探究”。

二、说课训练

（1）根据“设计”部分的［训练1］说课，要求重点突出、表述清楚。

（2）根据“设计”部分的［训练2］说课，要求重点突出、表述清楚。

训练提示：

说课是一种重要的备课形式。通过述说，不仅可以强化教师对所授课程的认识和掌握，还可以形成同行之间的相互交流。所以，将这种方式用于语文综合性学习的教学设计训练，有助于相互之间取长补短，促进对复杂教学内容的掌握。

说课一般包括以下几方面内容：

（1）说教材，包括教学的主要目标，教材的重点和难点。

（2）说教学对象，包括学生参加这个活动的生理特点和心理特点，以及所应具备的知识和能力。

（3）说教法，包括活动教学的基本程序，具体的教学方法，运用的教具，以及其确凿的理论依据。

（4）说作业，包括活动准备阶段的作业要求和活动后的作业要求，以及其确凿的依据。

说课训练可以小组训练和班级训练的形式结合进行。第一步以小组为单位说课，利用课外时间进行；第二步是班内说课。班内说课以各小组选派1～2人的形式进行，述说后由指导教师和其他组同学进行评议。

说课时要突出“教学思路”和“重点内容”。

“教学思路”，即自己的教学整体设计，包括这个活动所在单元的特点，让学生开展这次活动要达到的目的、要用多少学时，以及每一学时的具体安排。

“重点内容”，即阐述这次活动的重点难点以及自己为解决这些重点难点打算采用的策略。［训练1］要阐述的“重点内容”有如何指导学生认识“名人”，如何引导学生介绍自己真正喜欢的“名人传记”等。［训练2］要阐述的“重点内容”有如何使学生认识到“经济”对自己来说是一种“必需”及如何指导学生设计调查问卷。

第二单元

语文综合性学习·活动指导技能训练

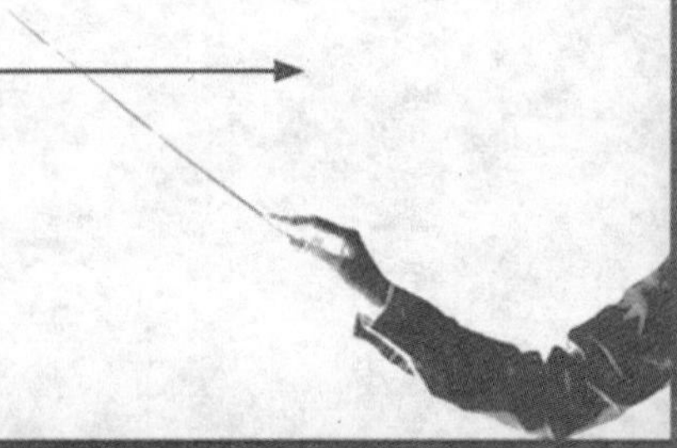

【训练导言】

一、语文综合性学习活动指导技能训练的目标

语文综合性学习活动指导技能是一种指导学生开展语文综合性学习活动的能力。

培养语文综合性学习活动指导技能可以通过观摩、模拟教学等方式进行。

学生通过训练应该达到以下学习目标：

（1）了解语文综合性学习活动指导的基本规律与做法。

（2）掌握语文综合性学习活动的基本能力。

二、语文综合性学习活动指导的基本做法

活动指导是教学实施的一个组成部分。教学实施是通过某些手段使教学计划从设想变为现实的过程。语文综合性学习教学的实施与阅读教学、写作教学有相同之处，也有不同之处。

活动指导包括活动前（准备）指导以及活动中（开展）指导。

1. 活动前指导

活动前指导指的是活动准备阶段的指导。活动前指导一般以课堂形式进行。具体来说，需要对以下内容加以指导。

（1）明确活动意义和内容。

阐明该次活动在知识、能力、方法、情感等方面的目标及意义。例如，人教版《语文》七年级下册第六单元“综合性学习·写作·口语交际”的《马的世界》要达到的目标是：通过了解与马有关的俗语、历史、艺术作品和文学作品等，认识“马”，了解与“马”有关的语文知识，了解“马”的文化。

（2）指导选题。

根据课文相关内容，可以指导学生根据自己的爱好，选择活动的课题。例如，《马的世界》可以有以下一些选题：

找出以“马”为偏旁的字、含“马”字的成语及与“马”有关的俗语。

从书法、音乐、戏曲表演、摄影作品、雕刻、绘画等方面搜集关于马的资料，自己动手写马、画马、拍摄马、演奏马，然后办一期以“马”为主题的墙报。

有的选题可以由个人完成，如摄影、绘画（选择同一内容的学生可以组合为一个小组）；有的选题可以以小组为单位进行，如以“马”为主题的墙报；有的选题可以以班为单位进行，如描写“马”的文学作品的诗文朗诵会。

（3）指导编组。

语文综合性学习包括课内活动和课外活动，而以课外为主，所以组织工作特别重要。

活动组织要严密、细致，做好一系列准备工作。

组织活动小组要考虑两个因素：

① 学生的生活环境和兴趣爱好。

例如，开展《马的世界》的活动，可以分为书法组、摄影组、绘画组等。开展《收集语言材料》的活动（人教版七年级上册《漫游语文世界》中的内容），可以分为日常生活用语（包括方言、一般俗语、常用歇后语）、对联（包括春联、楹联）、广告用语、新词语（包括网络用语、校园语言）、不规范用语等五种不同类别的小组。要关心每一位学生，落实每一位学生的学习组织和学习任务。

② 学生的能力。

要重视学生能力强弱的搭配，培养学生的合作精神。语文综合性学习或活动课都是学生通过协作共同完成学习任务的集体活动，是培养团结合作精神的重要途径。在活动过程中，要重视从以下三个环节培养学生的合作精神：

其一，合作策划主题及制订研究计划。

其二，合作搜集资料和分析问题。

其三，合作撰写报告和展示成果。

（4）指导活动方法。

向学生明确活动的时间安排。

活动方法根据具体的活动内容而定。一般要指导学生掌握以下方法：

调查报告的采写方法；音像作品制作方法；访谈方法；手抄报制作方法等。

不少活动都是综合多种方法的，如开展《马的世界》活动要指导学生掌握以下方法：如何查字典、词典，搜集有关“马”的资料；如何写马、画马，并在这一基础上办关于“马”的墙报；如何组织诗文朗诵会。

2. 活动中指导

活动中指导指的是针对活动开展的指导。综合性学习活动的开展，从活动涉及的范围来看，一般分为社会活动和校园活动两种。

（1）社会活动的指导。

社会活动主要包括搜集资料、参观、调查等。

其一，关于搜集资料的指导。

搜集资料要从搜集、整理、分析三个方面加以指导。

指导搜集。例如，《漫游语文世界》可以要求学生利用节假日时间走进生活、走向社会，在读书看报、上网、与人聊天、看电视、逛商场过程中搜集语言材料。

指导整理。例如，《漫游语文世界》可以要求学生节假日返校后，分组自行筛选、梳理所搜集的语言材料，同时到图书馆查阅相关资料。这些相关资料可以作为本组语言材料的补充。

指导分析。例如，《漫游语文世界》可以利用一节课时间，由组长组织讨论，对所搜集的语言材料进行分析、研究，形成书面材料。

其二，关于参观的指导。

综合性学习活动的参观和一般的参观活动有所不同。综合性学习活动的参观是带有学习性质的。参观，主要运用观察法。

其三，关于调查活动的指导。

开展调查活动，首先要指导学生制订方案。

制订方案的第一步是确定调查目的。

确定调查目的，具体来说就是要让学生确定该次调查应取得怎样的材料，以及取得这些材料有什么用。例如，人教版《语文》七年级上册第三单元的“综合性学习”要求学生“调查社会用字情况”，其目的不外乎两个方面：为改善社会用字情况提出建议；在活动中提高学生的语文素养以及社会责任感。

制订方案的第二步是确定调查内容。

内容根据目的而定。《调查社会用字情况》的内容就是对“招牌、广告、路标、标语、板报、宣传橱窗等存在错字、别字、不规范字的现象”进行调查。

制订方案的第三步是确定调查对象。

《调查社会用字情况》的调查对象是“招牌、广告、路标、标语、板报、宣传橱窗”。当然，考虑具体调查对象时要注意代表性，如可以找一条（热闹地段）行人较多的街道和一条（非热闹地段）行人较少的街道。

制订方案的第四步是确定调查时间和调查方式。

调查时间和调查方式要根据具体情况确定。例如，调查（观察）上述用字情况，对于学生来说，一般用的是课余时间，采用观察和记录的方式。

开展调查活动，要指导学生掌握调查方式方法。调查的方式方法很多，访谈、文献检索、问卷调查是常用的调查方式，可以要求学生根据具体情况确定。

方式一，访谈。

访谈是了解情况、获取信息的一种有效途径。访谈式调查是通过与调查对象直接交谈取得第一手材料的调查方式。访谈的具体形式较多，从对象角度看，包括开调查会、个别交谈；从工具角度看，包括当面访谈、电话访谈、网上访谈等。

开调查会，是有计划地召集一些人通过开会形式进行调查，并取得资料。开调查会的好处是能在比较短的时间内获得比较全面的材料。如果找不同类型的对象进行座谈，就能获得多方面的信息。

当然，开调查会也有一定局限性，比如由于在场人多，调查对象在谈及某些问题时会有所顾虑。

与开调查会相比，个别交谈较容易制造出融洽的气氛，较容易取得调查对象的理解与支持，但如果每次只与一个人交谈，显然费时较多。

在访谈过程中，应灵活运用不同的提问方式，语言要得体，举止要文明，并要认真做好现场记录。

方式二，文献检索。

文献检索是指通过对文献资料进行搜集以便取得所需材料的调查方式。查找资料时，要充分开发课程资源。可以到图书馆、政府部门、企事业单位、研究机构或者互联网上查找资料，并做好记录、复制、保存资料等工作。

一般来说，运用取材式方法进行调查比较简便，可以了解调查对象在特定条件下的表现，但材料毕竟是间接得来的，所以只能在一定程度上作为参考。

方式三，问卷调查。

问卷调查是调查者通过发放问卷表格，让被调查者填写，从而搜集资料的一种调查方式。问卷调查能迅速掌握较大量的情况，取得具体数据。然而，该方法的局限性也是明显的。由于调查对象的心理状态复杂，有些问题不能用简单的肯定或否定作答，而调查表格的容量有一定限度，这样，调查对象所填的选项就不一定能确切地反映出其真实的想法。而且由于种种顾虑，调查对象也不一定愿意如实地填写某些选项。

建议从以下几方面指导调查问卷设计：

确定问卷名称。根据调查的内容、主题、目的，确定问卷的名称。问卷的标题一般用单行标题，由“调查课题 + 问卷调查”组成。

确定调查对象。

精心设计问题。要根据调查目的设计调查的问题，然后将问题转换为可进行实际操作的问答题，再写出完整的调查问卷。至于具体的问题，则要明确、集中，语言要清晰、简练。

此外，还要做好调查问卷的分发和回收工作。

制订方案的第五步是明确调查应注意的事项。

例如，调查社会用字情况要注意两个问题：①上街调查时要遵守交通规则，注意交通安全。在乡村调查时要遵守乡规民约。②调查时要携带字典、词典，以备随时查考。

（2）校园活动的指导。

校园活动包括讨论、演讲、诗歌朗诵、游戏等，如组织“《马的世界》诗文朗诵会”以及课件（音像作品）的制作、手抄报的制作等。

课件可以作为一种成果汇报形式，也可以直接作为一种成果。前者是通过幻灯投影等形式介绍学习的过程，而后者则通过课件制作把研究成果（资料、图片等）展示出来。

指导进行校园活动要重视引导。

综合性学习中的引导同样是一种组织教学的手段。教师运用这一手段，使学生实现既定的学习目标。

引导贯穿于教学活动的始终，教学活动过程中的每一个环节都需要引导。

活动准备阶段需要引导。这个阶段的重点是活动内容的引导，具体来说是课题的选择以及方法的提示。

活动过程中需要引导。这个阶段引导的重点是解决活动中出现的问题。例如，如何开展《马的世界》的活动，要引导学生从大量的有关“马”的资料中选择值得和同学分享的内容。

活动收束阶段需要引导。引导学生总结：通过这个活动学到了哪些知识，掌握了哪些学习方法，明白了哪些道理？对学生作一些启迪，引导他们课后作深层次的思考，如开展《马的世界》活动后，是否对“又要马儿跑，又要马儿不吃草”有了新的感受？

要善于通过提问进行引导。

提问是引导的一种重要手段。在活动教学中，教师可以通过提出一些富于启发性的问题，引导学生对活动内容的理解与掌握。

然而，要通过提问达到引导的目的，则必须重视问题的设计。这里首要一点是所提问题要有思考价值。例如，开展《马的世界》活动，这样一些问题值得学生思考：马在古代起到什么作用？而在现实生活中，马又起到什么作用？马的“文化”体现在哪些方面？

由于综合性学习教学是相当复杂的，所以在提出问题后，还要善于根据学生的心理特点用不同的方法引导他们去获得正确的答案。

指导开展校园活动还要注意调控。

调控，即调节控制，使教学过程不出现任意活动，不超出原定范围。由于语文综合性学习是课内与课外相结合的活动，所以调控显得特别重要。

每一节课或每一次活动前，教师都确定了具体的教学目标，设计了具体的教学方案，然而要使这个目标得以实现，要使这个方案得以实施，还必须注意在教学过程中对教学时间、学生情绪以及自我情绪等影响目标实现、方案实施的因素进行适当的调节和控制。

具体来说，应该注意做好以下三点。

其一，精心设计教案。

要调控得法，必须认真备好课，要科学地安排好教学的每一个环节，每一个步骤。

一次活动课的教学内容相当丰富，指导和训练交替进行。每一个环节、每一个步骤的时间都要预算好，这样就可以避免因时间不足而影响活动的进行。例如，开展《马的世界》的活动，既有个人活动、小组活动，又有班级活动，要有条不紊地进行，这些都应该在教案设计时注意到。

其二，恰当地控制学生情绪。

活动课有一个过程，应该使学生在这个过程中既轻松又紧凑地进行学习。

其三，重视变通。

变通，指在教学过程中依据不同情况作出非原则的变动。

综合性学习教学是复杂的，它的成功与否总要受到种种因素的制约。一次活动过程，往往不会完全按照教师课前的预想进行，而会出现一些教师事先没有预料到的情况。例如，学生开展的调查工作得不到调查对象的合作，校外活动由于天气等客观原因没办法按时进行等。这时，教师需要变通，适当调整活动内容，使教学过程得到调控，活动教学得以顺利进行，取得预期效果。

要做到变通，必须学会观察学生，要注意观察每个学生外在的变化，并迅速把握他们的情绪，推断他们的思想。

【案例评析】

案例一："寻觅春天的踪迹"教学设计

广东省东莞市东城中学　张　莉

教师将人教版《语文》八年级下册第二单元的"写作·口语交际·综合性学习"提供的三项活动进行了改编，组织学生开展活动。

（一）在大自然中，寻觅春天的踪迹

"寻觅"范围：在春天里，在自然中，在校园里，在社区中。选择一两种动物或植物进行观察、记录，写成"自然日志"，记录下春天的足迹。在记录方式上，可根据实际情况，采用文字与图片（如照片）相结合的形式。

（二）在艺术中，寻觅春天的踪迹（春天的赞歌）

围绕与春天有关的某个节气，搜集有关谚语，从中寻觅春天的踪迹；搜集与春天有关的歌曲，如《春天在哪里》、《春天的故事》等，从中寻觅春天的踪迹；选择与春天有关的诗歌、散文、绘画或照片，从中寻觅春天的踪迹。

（三）在创造中，展示春天的踪迹（诗情画意的春天）

以出墙报或办手抄报等形式，展示春的踪迹；可根据与“春”有关的歌曲，如《春天在哪里》的曲调，创作绘春之歌；可模仿苏轼《惠崇〈春江晚景〉》，选一幅表现春天景物的画或照片，为它配上三五句诗，或者选一首写春的诗及名句，根据其意境配上一幅画，使诗情更形象直观。

教师在学生活动过程中向他们提供以下指导：

其一，为学生提供参考资料。这些资料包括二十四节气歌，对与春天有关节气的释义，《春天在哪里》、《春天的故事》等歌曲的词、曲或录音带。

其二，为诗画创作提供示例。示例包括一些有诗的古画，指导学生欣赏；一些为诗配画的传说，如“深山藏古寺”、“踏花归来马蹄香”等画与诗相配的故事；为学生提供“诗配画”的网站。

评析：

这是一个融入生物、地理、音乐、美术等元素的语文综合性学习活动。教师在组织综合性学习时，一般都是根据教材安排内容。然而要取得良好效果，教师应该发挥有效的指导作用。组织这次活动的教师显然在其中两个方面发挥了比较好的作用。一是根据学生的情况（时间和精力）对教材内容进行改编，使要求更具体，更切合学生实际；二是提供与活动有关的参考资料。

案例二："戏曲大舞台"教学记录

深圳市桃源中学　李宇梁

这是一堂"公开课"。课始，老师首先说："同学们，中国的戏曲，源远流长，有着鲜明的民族风格，是人们喜闻乐见的文艺形式。在全国很多地方都有自己的剧种，并且每一种地方戏曲，都有自己独特的地域文化风情，可以说是一方水土造就一方戏曲。同学们能不能根据各种地方戏曲的特点，来猜一猜下面你听到的是什么剧种?"

在大概介绍我国现存的各种地方剧，如越剧、棒子戏、粤剧、豫剧、黄梅戏的形成及特点后，老师请同学们听几段著名的戏曲片段，并猜猜它们分别是什么剧种，其中有豫剧《花木兰》片段和黄梅戏《天仙配》片段，最后再放京剧《苏三离了洪洞县》，引出这节课的主题——国粹京剧。

老师在介绍了京剧的产生及地位后，要求学生分小组拿出自己课前搜集的资料，交换学习。几分钟后，十个组通过自己的研讨后各出一道题，并任选另外一个组来回答问题。以下是各组提出的一些问题：

"请问第二组，京剧为什么被称作'东方歌剧'?"

“我们想问第五组，京剧的角色分为哪四大行当?”

“最后我们组选第八组来提问，请你说出京剧中四大名旦的名字。”

下一个环节是老师在课堂上运用多媒体，调用各种形象的图片和戏曲片段，向学生展示并说明生、旦、净、丑及各种脸谱的常识。接着播放几出著名京剧片断，有《空城计》、《三岔口》，还有现代京剧《林海雪原》及《沙家浜》。

“看完了，也听完了，最后当然还是要落脚在我们的语文课上，那就请大家各抒己见，讨论一下‘中国京剧是去，是留?’这个话题。”班上分为正反两方，学生拿出自己课下准备的资料自由发言辩论。

“我们现在快节奏的生活需要快节奏的音乐，那些慢吞吞的咿咿呀呀的音乐我们哪有时间去听呀!”

“京剧是国粹，她就像我们的国宝大熊猫。我们不能让她就这样被遗弃，应该加大宣传，使人人都了解京剧，学唱京剧，那样才能挽救她。”

“说得容易，那以前人人喜爱的相声不一样被新的艺术形式小品取代了吗?”

“但是那些经典的相声不也一样流传下来了吗?”

……

老师最后作一个小结：“辩论的双方都有精彩的发言，也都抓住了对方的弱点，只是反方如果能多举一些有说服力的事例来攻辩的话，会更有威慑力。这个话题还没有结束，以后我们有时间，可以继续深入地讨论这个话题。希望同学们通过这堂课，有一点收获，并把你的学习心得用文字表达出来。”

（节选自《中国语文新课程研究及校本教学优秀案例》，广东高等教育出版社 2004 年版）

评析：

这是一个校园活动。在这个综合性学习活动中，学生通过观赏戏剧片段、听老师介绍戏剧知识，以及辩论有关京剧的去留问题，在一定程度上感受到戏曲博大的内涵，品味到它悠长的韵味。而课前的资料搜集、课中的辩论以及课后写“学习心得”也锻炼了学生的语文综合能力。

课前搜集资料，课中交流及活动，课后写总结，这是比较常见的一种综合性学习活动的模式。这种模式耗时不多，比较简单，能收到一定效果；重点应是课中的这个环节，往往要有说有唱，有竞赛，有表演，是名副其实的“活动课”。组织这一类活动课，老师应该重视搜集资料和整理资料的指导。

【技能训练】

一、观摩训练

［**训练**1］

观摩一次综合性学习教学的教学录像，并写一篇教学观摩笔记。

［**训练**2］

参加一次综合性学习教学现场观摩，并写一篇教学观摩笔记。

训练提示：

观摩，其含义是交流经验、互相学习。教学观摩，简单来说就是听课。师范专业学生的观摩包括两种方式：其一是课堂观摩，教师在课堂播放教学录像，组织学生观看，如［训练1］；其二是现场观摩，教师组织学生到中小学听课，如［训练2］，这亦属于见习活动。

1. 观摩前的准备

为了使观摩能取得良好效果，观摩前要做好充分准备。

其一，明确目的。

观摩的主要目的是学习，教学观摩是要学习教学方面的经验。对于师范专业学生来说，不同阶段的观摩应有不同的目的。“语文教学论”课程学习期间进行的观摩活动，主要是获得对教学的一般感性认识，以便更好地理解课堂上所学的基础知识及基本理论。

其二，了解观摩对象及教学内容。

观摩对象包括执教者（活动组织者）及学生。

观摩前，要了解执教者的教学意图，包括课时的安排、教学重点以及运用的主要方法等；要了解教学对象的知识、能力水平及学习习惯；要熟悉有关教学内容及练习资料。

如果是录像观摩，如［训练 1］，观摩前要先阅读教学录像的有关材料，尽量了解教学实施者及教学对象的情况。

如果是现场观摩，如［训练 2］，应注意了解特定的教学环境。不同的教学对象，不同的教学内容，不同的教学条件，不同的教师所采用的教学方法不尽相同。观摩前要先阅读示范教学的有关材料，尽量了解教学对象的情况。

2. 观察与记录

观摩要掌握观察的方法。

其一，观察要全面。

既要观察教的活动，又要观察学的活动，观察学生对教师授课的反应。因为教学是一种双边活动，不可缺少任何一方；教学的效果要从教与学双方的活动过程中反映出来。

其二，观察要细。

既要观察整体活动，又要观察局部活动。一节课是一个整体，先讲什么，后讲什么，要了解清楚，这样才能更好地把握教师的教学意图。这是从宏观上把握整个教学过程的发展变化。局部是指具体的教学活动，同样要注意细致地观察。如果是录像观摩，对重点内容（细节）可通过重播加深了解。

其三，观摩还要掌握记录的方法。

记录要做到文字精练和行文有条理。

记录没有固定格式，一般可以分为三部分：一是板书（电子板书），要完整地记录下来，因为板书体现出教学的基本程序和教学重点。二是教学内容，可以有重点地记，包括教师对知识点的提示和分析，训练的要求等。三是评论，这是观摩者自己在听课过程中的随笔，主要是对课堂教与学的评价。

3. 材料分析

观摩后要进行材料分析。

分析的前提是发现问题，找出问题。这里的“问题”指的是这节课或这项活动在教学过程中需要研究讨论的一些要点，以及要加以解决的矛盾和疑难问题。简单来说就是要找出那些值得思考的东西，可以是成功的、值得我们学习的，也可以是失败的、值得我们注意的。

要重视运用比较的方法进行分析。从教这一角度考虑：这一节课和一般课堂教学相比较，在内容的取舍方面，在方式方法的选择方面，有什么异同？这一节课的实际效果和自己的原来设想相比较，又有什么异同？

找出异同后，还得找出原因。原因主要从教学对象、教学条件（设备）及教师素质等方面考虑。

还要对学的情况进行思考和分析：从整体看，学生的学习态度、学习习惯、知识基础及能力的具体情况如何？从局部看，哪些学生表现比较突出？突出在哪几方面？

以下是两个观摩训练的示例：

示例一　综合性学习“关注社会”教学观摩活动纪实

“粤教版”的一个特点是通过“活动”提高学生的语文素养。刚使用这套教材时，有些老师感到比较吃力。经过一段时间的实践，才慢慢进入“轨道”。

我组织学生到广雅中学听了一节活动课。内容是《语文（必修4）》第一单元的“关注社会”。能力培养重点如“单元导语”所说：学习写议论文发表自己的见解；在与同学讨论和辩论的过程中，提高口头表达能力；在搜集资料的过程中，培养快速接收和处理信息的能力。

执教的Z老师六年前毕业于华南师范大学。据她课后介绍，前两节课学生已阅读了两篇时评《车队与红灯》和《月饼消费要讲文明》，“这一节是从读进入写。学会多角度读新闻，并学会怎样把问题阐述清楚”。

教学过程基本按教材中的“活动指引”进行，这也体现出如何“用教材”。

第一个环节是“外面世界真精彩”。老师利用投影展示若干影响比较大的电视时评节目，如中央电视台《焦点访谈》，广州电视台《新闻日日睇》，使学生进一步感受到“人们越来越关注‘社会’”，“时评质量高低，反映出报纸和电视节目的质量”。接着展示学生课前搜集的时评题目，“看看大家关心的是什么问题”。这些展示有利于学生进入活动状态。

老师归纳出“一篇好时评要具备”的“五味”：鲜味，讲究时效性；杂味，以事实说话，信手拈来古今中外的材料；辣味，“讴歌时让读者喜，抨击时让读者怒”；趣味，寓庄于谐；诗味，富于哲理。老师给学生传授这方面的知识可以说是“功莫大焉”，但课时太少，内容“瞬间即逝”，正如她课后说的“四十分钟不太够，一个小时达到目标会好一些”。

第二个环节是“畅所欲言对对碰”。这是从阅读进入“实战”。老师向学生提供了一篇关于“巫毒娃娃”的文章，以及“相关链接”《巫毒娃娃网上热卖引争议》、《北京某商场销售咒人巫毒娃娃多为中小学生购买》。要求学生把自己“有感觉”的细节记下来。这属于“选新闻”和“搜集材料”。老师提示学生："文字量大，迅速浏览。看了不同的人对相关材料的观点后，确立自己的观点和看法。"

接着进行第一次小组合作。老师意图让学生领会可以"从多个角度评新闻"，她要求"每个小组提一个观点"。"每个人的观点会有不同，选出语言最新颖，角度最独特的一个。"老师这时考虑问题颇客观，但后来布置作业时则有点"偏差"了。

学生讨论颇热烈。选出的3名小组代表的发言有一定代表性。

A组认为巫毒娃娃的存在"有合理性"，购买的人多是年轻人，希望"缓解自己的学习压力"；可以"通过引导发挥积极作用"。老师显然不认同这一观点，所以在努力"尊重学生在学习过程中的独特体验"的同时，也"注意教学内容的价值取向"。她一连提了几个问题，"可以理解，但是不是提倡和鼓励?""是否可以通过市场淘汰?"不过从现场看，学生并没有被"说服"。实际上，学生也没有必要被"说服"，他们能理解老师的观点并认识到"可以从多个角度评新闻"也就可以了。

B组和C组都持"反对"态度。B组的观点是"不应存在，要查禁"，"虽然有好的一面，但坏的一面影响太大。有心理压力，可以用其他方法缓解"。C组的观点是"通过巫毒娃娃这件事，看出社会存在的问题"，"销售渠道是网络，看出对网络监管不力”。

第三个环节是“激扬文字析事理”。老师提出时评写作在观点、材料、语言方面的要求后，组织第二次小组合作，“根据你们的中心论点，用什么材料论证？用两分钟时间讨论。平时看的书现在要用了，用事实说话。”课后，Z老师再次对我们说了她的一个观点，即“功夫在课外，平时要积累”。

老师最后布置课后作文，“这次作文以小组为单位，但不是小组写一篇。小组中各人用相同的观点，相同的论据来写，看看谁的语言最好”。这个作业颇有新意，“同中求异”，但假如小组中有不同观点，那该怎么办呢？

按照教材设计，最后还有一个“过程结果大家评”的环节。Z老师对我们说：“学生积极性调动起来了，他们回去会认真写的，下次会把交上来的文章让大家评比。”

这是一节比较常见的“活动课”，这种活动的形式是课内和课外相结合。

（广州大学人文学院中文系　崔千行）

示例二　综合性学习“走进成语世界”教学观摩笔记

应广东省东莞市教研室的邀请，我参加了东莞市主题为“综合性学习”的教研活动。活动地点在厚街湖景中学。

学校安排了三节综合性活动课。这些课的设计目标大体一样，即试图通过活动培养学生的语文素养。教学思路也大体一样。

第一节是“走进成语世界”。全班分为4个小组，课前分别搜集成语中的典故、谜语、有成语的诗歌、与兵器有关的成语，然后在课堂上交流“成果”。另一个“活动”环节是让学生拿出课前写好的“巧用成语小作文”分组竞赛，看哪组成语用得最多最好。比赛用得“多”（用两个加一分）是鼓励积累，但相对来说，用得“好”（是否恰当、贴切）更重要。评点“哪个用得好，哪个用得不理想”显然更有意义。

第二节是“说水”。老师组织学生利用课件展示与“水”有关的谜语和歇后语，写与“水”有关的成语，朗诵与“水”有关的诗歌、文章片段或名句。学生参与面广，活动积极性高。值得思考的一个问题是，活动要达到什么目的？培养学生搜集资料和筛选资料的能力，以及锻炼学生口头表达能力和语言运用能力是一个方面，而另一个重要方面正如任课老师在教案中写的“感知水的魅力，从自然界、社会、生活和文学作品中进一步了解水文化”。那么，如何了解这个“水文化”？显然不能够仅仅让学生知道“这个成语有‘水’字”，而是要让学生领会这个“有‘水’字的成语”的含义、出处以及在具体环境中的运用，使学生认识到语言文字通过不同形式、不同角度表现“水”，把中国文化、中国精神融入学习内容中。

第三节是“雨的诉说”。老师组织了几个活动。“读诗文品雨韵”，学生主持人读出诗的上句，让其余学生抢答下句。“抢答”有助于活跃气氛，调动学习积极性，在这个基础上，如果由抢答的学生或主持人把整首诗有感情地读一读，并且尽量读出自己对“雨”的感觉，语文“味道”就会出来。“听雨声写雨景”，老师通过多媒体播出多种雨声，要求学生“根据其中一种雨声描述下雨的情景，50 字左右”。这一活动设计思路不错，关键是这种“雨声”要能使学生真正产生一种感觉，这样他们才能真正体验到雨的“韵味”。

听课后，我在座谈会上谈了对综合性学习活动的三点看法：

第一，探讨“活动”的功能。这个“活动”究竟有什么作用？“活动”的学科性质、学科特点是什么？学科之间的关系如何体现出来？如何体现出“跨学科”？我曾观摩过一次主题为“黄河颂”的综合性学习活动，语文老师、音乐老师和历史老师都参与了，“语文味”如何体现出来？

第二，因地制宜地开展“活动”，根据自己学校的条件设计有效方案。

第三，重视过程，不要简单地停留在展示成果这一环节。在课堂上展示成果时，同学们相互间显然希望知道别人是如何获得这个“成果”的，比如如何采集成语诗句。

（广州大学人文学院中文系　崔千行）

二、模拟教学训练

[**训练 1**]

以下材料节选自人民教育出版社义务教育课程标准实验教科书《语文》八年级下册的“民俗”单元，该单元包括沈从文的《云南的歌会》、汪曾祺的《端午的鸭蛋》、萧乾的《吆喝》、琦君的《春酒》、冯骥才的《俗世奇人》等文章。请你认真阅读，并完成以下训练内容。

(1) 根据材料设计一个课堂教学方案。内容是指导学生开展相关活动，一课时。要求：体现出对初中语文课程理念的理解；格式规范、结构严谨、文字流畅、书写工整。

(2) 进行一次模拟教学训练。

哲学家常说，一滴水中见太阳，一粒沙中见世界。的确如此，即便是我们日常生活中一些平常小事，如逢年过节的风俗，吃饭穿衣的习惯，细心探究起来，几乎每一件都包含着丰厚的文化内涵，蕴藏着语文学习的宝贵资源。到民间去“采风”，关注我们平常习焉不察的民风民情，探寻日常生活背后的“学问”，一定会有许多惊喜的发现！

(一) 家乡素描

俗话说：“一方水土养一方人。”你的家乡在地理环境、历史文化、风土人情方面有什么特色？其他地方的人是怎样形容你的家乡的？你的家乡历史上曾经出现过哪些有影响的人物？请查阅地方志或者向身边的亲友进行调查访问，然后对材料进行整理，向班上同学说说你家乡的事。

（二）认识方言（以下活动，选做两三项）

（1）小知识。你知道吗？汉语方言有七大类，即北方方言、吴方言、湘方言、赣方言、客家方言、闽方言、粤方言。查一查有关资料，看看你家乡的方言属于哪一种；在你所属的县市，主要说哪几种方言？

（2）小游戏。你平时在家，可能经常用方言和家人交谈。现在让我们做一个小游戏，分组模拟一家人（爷爷、奶奶、父母、自己）在饭桌上的谈话，用方言交流三四分钟，记录下方言在发音、语法、词汇等方面与普通话差异最大的一些词语、短句，并总结它们的不同。

（3）编词条。走出学校，去田间地头、街头巷尾倾听人们的谈话，注意他们使用的鲜活的、富于表现力的语言，搜集广泛流传的当地民歌、民谣、笑话（要求内容健康），在班上与同学交流；然后选出几个你认为有代表性的方言词语，仿照《现代汉语词典》词语注释的体例，编写几个方言词条。

（三）乡土发现

根据条件，组织到当地民间进行调查访问，内容包括：当地各民族同胞的信仰、禁忌，婚嫁寿诞、衣食住行等方面的民俗特征。汇集采访笔记、摄影作品、配有文字介绍的实物，举办一次民俗文化展览。有兴趣的可以采写成新闻通讯稿，报道这次活动的情况。

（四）节日探源

请搜集有关中秋、端午、重阳、春节、元宵节等传统节日的诗词、对联、灯谜，并在班上展示你的成果。比一比，看谁搜集得多。

以小组为单位，探寻节日起源，搜集有关这些节日的传说、故事，尝试以“……的起源”为题，各小组合作完成一份研究报告，在班上交流。

[**训练**2]

以下材料节选自江苏教育出版社普通高中课程标准实验教科书《语文》（必修3）的“文明的对话”单元，该单元包括王小平的《刮痧（节选）》、鲁迅的《拿来主义》、陈炎的《“文明”与“文化”》等文章。请你认真阅读，并完成以下训练内容。

(1) 根据材料设计一个课堂教学方案。内容是指导学生根据材料开展相关活动，一课时。要求：体现出对高中语文课程理念的理解；格式规范、结构严谨、文字流畅、书写工整。

(2) 进行一次模拟教学训练。

请你从社会文化生活的某个方面，如教育、文学、艺术、建筑、风俗、饮食、旅游等，选择自己感兴趣的一项，与同学合作，开展学习活动。从下列三个方案中任选一个，开展社会调查活动。

方案A

(1) 从网络或报刊上选录反映文化差异的材料。

(2) 在你自己感兴趣的材料后面，加上200字左右的批语。

(3) 将全班选录的材料和同学们的批语分类整理，在墙报上发表，听取意见。

(4) 进入编辑程序。推定几位同学组成编委会，分工选定材料、编目、撰写序言、设计版式、装帧、装订成书。

方案B

(1) 将从网上搜集到的所有材料剪裁后制成网页。

(2) 设计版式，画出草图。

(3) 输入、排版、美化版面。为每一篇文章拟定标题。

(4) 请家人、同学或友人对网页提意见，调整修改，与同学交流。

方案C

(1) 小组内分工，一部分人从网络上检索资料，一部分人设计问卷，准备进行社会调查。

(2) 在学校、村镇或社区发放与回收问卷，开展调查。

(3) 整理材料和问卷，从文明对话的角度分析研究，撰写调查报告。

(4) 在小组内交换阅读调查报告，相互提出修改意见，进行修改。

训练提示：

作为综合性学习教学的模拟教学，其主要内容是课内学习活动环节的指导。

模拟教学可以是集体进行，也可以是个人进行。

集体进行一般在课室。它的特点是：除了没有教学对象外，其余的条件和正式的课堂教学完全一样。在课室，依照正式的教学内容、程序与时间进行。可以让其他同学扮演学生角色。

集体进行的模拟教学有利于创造气氛，克服怯场心理；有利于对时间的估计与把握；有利于发现板书、语言、教态等方面的问题。

个人进行的特点是：不求形式，只求实效。内容、时间、地点均不作限制。可以两个人训练，也可以独自训练。

建议本单元模拟教学分为两个环节进行。

第一个环节以小组为单位用课外时间进行。5～8 人为一组，每组设组长一名。所有组员轮流训练。当某组员模拟教师训练时，其他组员充当学生角色。

第二个环节在课堂进行，推荐若干同学在班上模拟教师实施教学。其他同学充当学生角色。

［训练 1］即“民俗”单元的模拟教学内容可以是所有四项学习任务，也可以选择其中一至两项。

进行［训练 2］的活动时，对网络知识应该有一定的了解。如果指导学生从上述三个方案中任选一个，应该向学生介绍这三个方案的异同，进行每一个方案学习活动应该具备的条件以及可能会遇到的困难等。

第三单元

语文综合性学习·写作指导技能训练

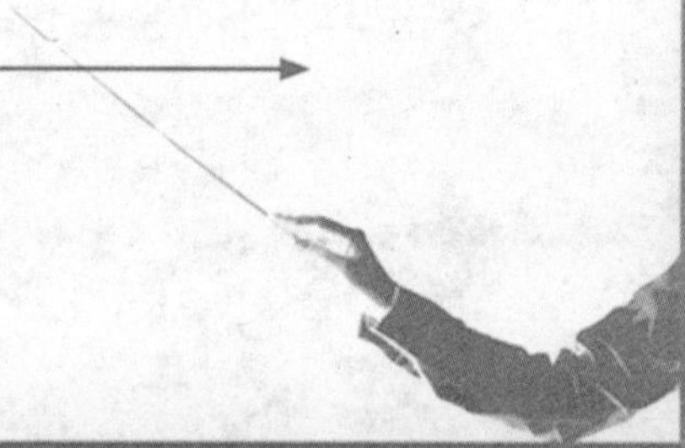

【训练导言】

一、语文综合性学习写作指导技能训练的目标

语文综合性学习写作指导技能是一种指导学生在语文综合性学习活动中写作的能力。

训练语文综合性学习写作指导技能可以通过写作、评改等方式进行。

学生通过训练应该达到以下学习目标：

(1) 了解语文综合性学习写作指导的基本规律与做法。

(2) 掌握语文综合性学习写作指导的基本能力。

二、语文综合性学习写作指导的基本做法

写作指导是教学实施的一个组成部分，一般包括讲话稿写作指导、调查报告写作指导、论文写作指导、课件制作指导等。

1. 讲话稿写作指导

讲话稿从文体性质上说，是一种口述的议论文，将意见、主张、看法直接诉诸听觉，通过摆事实、讲道理来动员和说服

听众。

讲话稿因使用形式不同，称谓也不一样。在综合性学习中，学生的讲话稿特指学生在活动过程中用于交流看法所作的讲话文稿，具体有演说词、总结发言、汇报等。

讲话稿除了具有一般议论文所具有的逻辑性、议论性和说服性等特点外，还有口语化、格式化等特点。

讲话稿要通过讲话人的宣讲来达到表达效果，所以具有口语化的特点，它必须符合口语要求。考虑到听众的聆听习惯，它必须在语气措辞、表达层次条理上考虑听众接受信息的需要，做到讲者上口，听者入耳，这样才能收到较好的效果。

讲话稿是一种应用性文体。一般讲话稿包括称谓、开头语、结束语。称谓标明听众对象；开头语引出话题，调动听众的聆听兴趣；结束语收束话题。

2. 调查报告写作指导

对于中学生来说，调查报告只能称作“微型调查报告”，但基本格式及要求和一般的调查报告没有明显的区别。

(1) 指导选择材料。

调查报告是在调查的基础上，根据所得材料写成的，所以，指导学生选择材料是指导他们撰写调查报告的一个重要环节。

要选择材料，首先得指导学生整理材料。

要整理材料则需要把所得的原始资料加以分类。对数据（主要是问卷调查中得来的）进行统计；对事例，要根据笔记进行整理。对在调查中因客观原因没有记录的情况要及时回忆，并以书面形式整理出来。

材料整理好后，要指导学生加以选择。

选择的第一步是鉴别材料的真实性。这种真实性一般与被调查者的合作态度及调查环境有关。对明显不真实、不准确的材料，不予采用；对不一定准确的材料，可以作为一种参考，下结论时要加以说明。

选择的第二步是按重要程度把材料分为三个部分。

第一部分是与调查目的关系密切，并紧紧围绕所调查的中心问题的材料。这些应当是写这篇调查报告的主体材料。当然，在具体研究分析时，也并非所有材料都要用上，而应从中选择一些最有价值的材料。

第二部分是与调查目的关系不是很大，但和调查中心问题有一定联系的材料。这些材料往往有一定的参考价值。

第三部分是与调查目的及调查的中心问题没有直接联系的材料。这些材料如果有价值，可以保存下来，作为研究另一个课题的资料。

（2）指导撰写报告。

注意从以下三个方面指导学生撰写报告。

其一，关于标题。

有的标题突出了中心，如“要加强交通安全的教育”；有的仅表明了内容，如“关于人行天桥情况的调查与分析”。

有的调查报告有副标题。一般来说，正标题表明中心，副标题表明内容，如“交通安全教育刻不容缓——关于人行天桥情况的一次调查”。

其二，关于前言。

前言一般点明调查时间、地点、调查对象以及调查目的，有的还会简单地说明调查过程和方法。

其三，关于主体。

主体包括情况和分析两部分内容。

情况，指的是客观的数据及事实，要做好归纳。这是“怎么样”的问题。

分析，目的是说明“为什么这样”。分析要在客观情况的基础上进行，要以客观事实作为分析的依据。

分析时要注意下述问题。

一是调查材料的代表性。

调查的对象如果仅仅是一个单位，那么，反映的情况就必定有局限性。分析时要确定材料来自“一个单位”，如果这些材料具有参考价值，那么就可以指出：从这个“单位”了解到的数据和情况，也可能对类似“单位”的情况分析有意义，也可能反映了类似“单位”的某些问题。调查的对象如果是多个不同类型的单位，材料可能有一定的代表性，但所下的结论也不能绝对。

二是调查的数据。

能用准确的数字当然是最理想的。如果存在真实性问题，那就用模糊数字，如“约三分之一”、“半数以上”、“不到二分之一”等。

三是结论的科学性。

所下结论要经得起逻辑推理，要能客观地反映出规律。

调查报告主体结构一般可分为纵式和横式两种。

纵式是根据被调查事物的发展过程来写，如过去怎样，现在怎样。

横式是把调查到的情况分为几个问题来写。例如，可以先摆情况后分析，也可以边摆情况边分析。

其四，关于结尾。

结尾一般是建议，要阐述的是“应该怎么样”的问题。也有的建议已穿插在主体部分，尤其是横式结构，每个问题都可以先摆情况，然后分析，最后建议。

3. 论文写作指导

对中学生来说，论文只能称为“小论文”，但基本格式及要求和一般论文没有什么区别。

（1）指导拟定写作提纲。

论文写作提纲实际上是论文的总体设计蓝图，也是作者有条理、有规律的思维过程的概略记录。

要让学生明白拟写提纲的两点主要作用。

其一，理清思路。资料研究过程实际上就是一个思维过程，为了使整个思路清晰，要用文字把自己的构思“定格”下来：论证什么，用什么论证，怎样论证。

其二，形成结构。把文章的架子搭起来，便于进一步展开论证。

论文提纲一般包括以下几部分内容：

全文的中心论点及各个分论点、论证论点的主要材料及论证的程序，即主要的层次结构。

可以按这三部分来写，也可以以论证程序为纲来写，后者有助于突出论点和论据之间的逻辑关系。

（2）指导学生撰写论文初稿。

这是论文撰写过程中工作量最大的一个环节，关键是要把握好议论文的三个要素。

论点要鲜明。要明确表明自己的看法。论点可以在题目中表现出来，也可以在文中表述出来。

论据要有说服力。论据中的事例，主要通过访谈、调查以及搜集资料得到。

在论文写作三要素中，指导的着力点应该是论证。

学生在写论文时常常感到“无话可说”，其实是不懂得论证。有的论文给人一种“苍白”的感觉，一个重要原因就是没有进行论证。

论证不是简单地把论点与论据相加。提出论点后，要展开分析，要论述“为什么这样（不那样）”，“（不）应该怎样”。这个分析、论述过程就是论证，而论据仅是分析和论述中的一些依据（材料）。

我们说写论文要“讲道理”。“讲道理”的一个含义是摆出理论依据；另一个含义，可以说是整体含义，则是论述“为什么”和“怎么样”。

我们指导学生如何论证时，可以结合论证的结构来谈。论证的基本结构是提出问题、分析问题和解决问题。

提出问题，着重论述的是研究什么，为什么研究，当前在这方面存在什么问题等。

分析问题，着重论述的是问题的性质是什么，问题产生的原因是什么。

问题的分析可以是单角度的，也可以是多角度的。

解决问题，着重论述的是应该怎么做。

可以向学生提供论证结构的多种模式。例如，可以先摆现状、提问题，然后分析原因，最后提出对策。也可以先提出目前对某一观点的一般看法，然后指出问题并加以分析，最后提出自己的看法。

（3）指导学生修改论文。

要使学生明白修改是写文章必经的步骤，反复修改是写作的一般规律。要让学生养成良好的文章修改习惯。

文章修改比较有效的一种方法就是“冷处理”，即写成初稿后，不马上动手改，而是暂时搁下，等头脑冷静之后再动手修改。应该说，“冷处理”是符合人的思维发展规律的。

具体的修改是多方面的，作为学生，特别要注意的是论证的整体结构：布局的逻辑关系是否合理，文气是否连贯，详略是否得当。教师要让学生认真对每一层每一段间的关系进行推敲。此外，要注意语言的精练，要将可有可无的字、句、段删掉。

【案例评析】

案例一："端午的裹蒸粽"活动笔记

广东省东莞市石龙第三中学　叶建中

哲学家说，一滴水中见大海，一粒沙中见世界。的确如此，即使是我们日常生活中的一些平常小事，如吃饭穿衣的习惯，逢年过节的风俗，细心探究起来，几乎都包含着丰厚的文化内涵，蕴藏着学习的宝贵资源。

我的家乡是一个水乡，一方水土养一方人，一方燕子衔一方泥。我们这块水土养育了我们水乡人。虽然我们只是乡下人，但人们用智慧创造了各种美食，例如，裹蒸粽。

我的家乡产鸭，鸭多了，鸭蛋自然就多。人们利用鸭蛋来搭配着粽子，令其更加美味可口，品尝者赞不绝口，吃得津津有味。裹蒸粽里还有很多"秘密"呢：一个双黄鸭蛋，糯米，一些肥猪肉，还有莲子，绿豆。外头是竹叶，干水草绳。制作裹蒸粽还很讲究：第一步，先把竹叶做成角子形状，然后把米倒进去，再放入咸鸭蛋和一点点的肥猪肉。第二步，用水草绳把粽子绑好。第三步，把粽子放进蒸炉里用猛火蒸六个小时。新鲜出炉的裹蒸粽是最好吃的，切开来，里面的蛋黄红通通的，看见这样的美食真的会垂涎三尺。每当外地人问起道滘有什么美食时，总会有人脱口而出：这当然要数裹蒸粽！

端午节的当天，在道滘的沿江路会有一条美食街，街上摆放着各种各样的道滘美食。单是裹蒸粽就有好几种，咸粽，甜粽，灰粽……有许多人会慕名而来，看龙舟，吃裹蒸粽，这是端午节人们主要的活动。

家乡的美食——裹蒸粽，你为家乡创造了美誉，你为家乡创造了希望，你使道滘的美名远播。

评析：

广东省东莞市石龙第三中学的老师组织学生进行了一次题为“道滘裹蒸粽的探究”的综合性学习活动。主要活动内容有两部分，其一是“走近我们的美食特色”，学生们走访了裹蒸粽的制作工场和制作师傅，了解制作用料、食材情况和销售情况；其二是讨论道滘裹蒸粽的开发。这次活动的目的是通过亲身的调查研究，了解裹蒸粽的历史，加强学生的调查能力，增强学生解决问题的能力；通过对自己家乡美食的调查，增加学生对家乡的热爱之情，培养学生为家乡作贡献的情操；采用不同的调查方法，让学生真正地掌握实践活动课的研究方法，增强学生学习的兴趣和信心；通过关注家乡的每一物，陶冶学生爱家、爱乡、爱国的民族文化情操。从上面这一篇学生参加活动后的习作来看，活动的基本目的达到了。文章体现出了该名学生对裹蒸粽这种美食的制作过程有一定了解，描写细致，对家乡的感情也充分地流露出来。

案例二：关于中学生课外阅读情况的调查与分析

广州大学中文系　钟　欣　韦海燕

课外阅读是学生学习语文不可忽视的一个方面。在现代生活节奏加快的同时，学生的课外阅读兴趣、习惯也随之发生了很大的变化。这些变化成了现今社会，特别是广大教育工作者关注的热点问题。为了掌握现今中学生课外阅读情况的第一手资料，借实习之机，我们在实习学校——广州市第四中学的初二（6）和初二（8）两个班（共109人）进行了一次问卷调查。

市四中是一所二类学校，我们所选择的两个班在年级中的排名处于中游，因此调查的数据有一定的代表性。在设计调查问卷时，我们主要针对学生的阅读过程，设置了两大部分题目，第一部分主要是调查阅读范围，即“读什么”；第二部分是阅读方法，即“怎么读”。此外，我们额外增加了一道调查学生上学期期末语文考试成绩的题目，以探求其语文成绩与其阅读习惯之间是否存在联系。

调查的具体统计情况如下：

（一）阅读范围

1. 是否养成良好的阅读习惯

问卷的开头，我们首先提出了问题1“你是否经常看课外书”，结果“经常”看的有62人，占56%；“偶尔”看的有46人；“极少”看的有1人；“不”看的只有1人。

2. 阅读的原因与阅读兴趣

首先我们询问学生“阅读课外书的首要原因”，结果“根据个人兴趣阅读”的有68人；“想充实自己”的有35人；“因为无聊”的有5人；而“按老师需要”来阅读的人数为0。

紧接着我们提供七大类图书让学生选择哪些最感兴趣，哪些是首要选择。结果数据表明，学生最感兴趣的是侦探小说，有25人，占23%。而他们课外书的首要选择也是侦探小说，有28人，占26%，两个数据基本一致。出人意料的结果是：选择言情小说的只有11人，选择武侠小说的只有4人，表明言情与武侠小说大受冷落，成了学生最不感兴趣的书。至于文学名著也有人选择。

3. 阅读范围的大小

问题5到问题6是针对中学生的阅读范围大小而提出来的。我们发现四大名著在中学生的心目中占挺重的分量，四本都看过的有24人，看过其中一至两本的有72人，只有13人一本都没有看过。第6题是一道开放性的题目，让学生写出最近看过的一本课外书，答案五花八门，其中以小说类书籍居多，占总数的85%。

（二）阅读方法

在这一部分，我们设计了8道题目，分为三小类：

1. 阅读方法与习惯

首先我们问"当读到一本十分喜欢的书时，你会否重读"，结果选择"会"的有72人，占66%；"否"的只有11人；有26人处于中间状态，选择了"不一定"。

当读到一些精彩段落与句子时，选择“不一定”会摘抄的有57人，占52%；而“会”摘抄的只有21人，不足20%；“肯定不会”摘抄的有31人。

在看小说时，学生最不喜欢的内容是过长的对白，有59人，占54%；其次是环境描写，有26人，占24%。而当遇到这些不爱看的内容时，有53人选择“跳到下一部分”，51人是硬着头皮看，只有5人索性放弃全书。

当问到“你是否会先看结局，再从头看起”时，选择“不会”的有53人，“会”的有15人，“不一定”的有41人。

最后我们问“你会否在未来增加自己的阅读量”，有77人选择了肯定的答案，而增加的阅读量以知识类书刊和名著类书籍为主，如《大众软件》、《十万个为什么》等。

2. 漫画的优缺点

在问题9中，我们提出了学生比较感兴趣的话题——漫画，结果在中学生的心目中，漫画的最大优点是轻松，有37人持这种观点，而最大的缺点是“浪费金钱”，有23人赞同。

3. 语文成绩调查

问卷的最后，我们还调查了学生在上学期期末考试中的语文成绩，结果80分以上的有61人，80分以下的有48人。

通过对中学生课外阅读情况的调查，我们总结了如下几大特点：

(1) 阅读范围的庞杂。

根据调查的数据，我们可知现今中学生的阅读范围十分广泛，可谓五花八门。既有中国的古典名著如《三国演义》，又有当代青年读物如《花季·雨季》；既有外国文学名著如《乱世佳人》，又有惊险刺激的侦探小说如《福尔摩斯探案集》；既有历史类书籍如《上下五千年》，又有现代科技书籍如《电脑和游戏》。无论是体裁还是题材都十分广泛，并没有一味追捧一些流行畅销书，如《还珠格格》只有4人新近看过。他们大都根据自己的兴趣爱好来选择书籍，并不是盲目地随大流，同时也没有占绝对主导地位的阅读方向，甚至于预计在未来增加的阅读量，也仍是以我为主。这个特点，一方面说明了每个学生都有自己独特的个性取向，但也从另一个方面说明了现今的文化市场上适宜于广大青少年阅读，有益于其身心健康的课外读物明显不足。青少年读物的匮乏，无疑使这一庞大群体的阅读需要受阻，结果只能迈向庞杂。

(2) 阅读目标的浅近、功利。

虽然从调查的数据可知现今中学生的阅读范围是比较广的，但从其内在的目的去分析却可以发现他们阅读课外书的最大目的是为了放松，一般追求情节的紧张刺激，更多地注重结局而非过程。如果遇到不喜欢的内容，有几乎一半的人会跳到下一部分。漫画之所以能吸引众多的读者，最大的优点正是在于轻松。除了阅读目标浅近之外，在调查中，我们还发现了一个很令人深思的现象，这就是我们提供给学生选择的七大类书籍中，《课后练习答案参考》无疑是同学们最不感兴趣的，只有4人选择。但在我们的平时观察与个别谈话中，却发现几乎人手一本形形色色的《课后练习参考答案》。这在一定程度上说明了学生的阅读目的是十分功利的，为了获取高分，他们已经过于依赖这类参考书。这无疑也从侧面反映了现今教育制度的一种弊病。老师和学生都随着“考试”这根指挥棒走，评价学生仍以考试成绩“一锤定音”。这种功利行为驱使老师和学生都以本为本，守本固本，考什么教什么，教什么学什么，学生即使是阅读，也是在应试作文里兜圈子。这样，谈何感受美、认识美、创造美呢？能在紧张的学习之余找到一点轻松就已经不错了。

(3) 阅读方法的欠缺，令阅读意志被削弱。

在调查中，我们还发现，学生的阅读数量与其阅读的质量并不一致。学生的语文成绩往往与其阅读的范围关系不大，而与其阅读的方法和习惯关系密切。在80分以上的学生中有68%的同学有经常阅读的习惯，大部分都掌握了一定的科学阅读方法；有79%的同学看书不会先看结局，而是注重作品的过程。这些数据的对比证明了阅读的关键是掌握阅读的方法。但从数据可知，绝大多数的学生并不懂得摘抄、积累素材，而是遇到不喜欢的内容就略过不看等。这说明为了把课内、课外阅读进行最佳的组合配置，从课外广袤丰美的土壤中获取营养，需要老师对学生的课外阅读进行指导，而非放任或者压制。但令人遗憾的是多数语文教师习惯了以讲代读，加之学生阅读的内力不足，且尚未形成良好的阅读习惯，缺少科学的阅读方法，削弱了学生的阅读意志。长此下去，当学生意识到阅读的价值并不能在成绩中体现出来时，就会逐渐失去阅读的兴趣了。

上述是我们对中学生的课外阅读情况进行调查后得出的三个结论。针对这些问题，我们提出如下建议。

(1) 阅读内容的指导。老师、家长应顺应学生的认知规律，循序渐进，指导不同年龄段的学生阅读不同的读物。例如，对初中生应发挥其主动性与独立性，指导其阅读一定的文学作品、人物传记、少年科普读物等，从中感悟作者的态度、观点，欣赏精妙的语言，揣摩形象的描写。

（2）阅读方法的指导。既要尊重其需要，又要培养他们的良好动机、兴趣，锤炼其意志品质。教师要善于从课内延伸到课外，推荐文学作品、科技读物，对报刊上的时文进行评价，指导购书与阅读，训练学生写摘记与阅读卡片。此外，校园文化的培植也是一个重要的环节。

以上是我们进行的一个小调查，由于时间仓促，设计的题目欠周密，进行调查的范围也太小，也许结论并不能全面反映广州市中学生的阅读情况，但本调查基本上能兼顾整体与个别，希望可以给人以启发。

评析：

这个调查报告是两位师范专业学生在实习期间写的，由于社会的发展变化，有的内容显得有些“陈旧”了，但从调查报告写作这个角度看，这份材料颇有参考价值，再加上两位作者是师范生，他们的活动思路及存在的优缺点会对参与技能训练者有一定的参考价值。

这项调查采用问卷的方式，问卷的设计总的来看还是注意到了阅读规律的。如果把要了解的问题按阅读范围、阅读方法和阅读效果分为三组会更科学一些，而把“语文成绩”和“漫画的优点缺点”归入“阅读方法”显然并不恰当。

调查的结果（所提的建议）具有一定的参考价值。只是单一的问卷调查毕竟有一定的局限性，如果采用问卷与个别谈话相结合的方式，补充一些具体实例，就能使调查报告更具说服力。

这篇调查报告从格式上看基本符合要求，分为前言、主体和结尾三部分。主体部分又包括调查内容及方法、调查所掌握的基本情况以及建议三项内容，只是在表达上还稍显凌乱。如果整篇文章按调查的基本情况、中学生课外阅读的特点、对中学生课外阅读指导的建议等方面来阐述，会显得更严谨，更有条理。

此外，所下结论有的并不恰当，如“现今的文化市场”、“青少年读物的匮乏”等，这些结论是怎样得来的呢？

师范生存在的上述问题其实也是中学生写作调查报告时常见的问题。

【技能训练】

［训练1］

以下材料是广东省东莞市某镇（该镇名以下用××表示）竹溪中学初二（9）班方广祥、詹玉兴、尹肖珊等三位同学参加“××名家具模拟展览会”语文综合性学习活动后写的调查报告。指导教师诸丽芳把学生分为开幕式筹备组、拍摄组、调查组、设计组等四大组。其中，调查组利用周末到家具厂参观和调查，然后将通过采访、调查等形式获取的第一手材料，写成图文并茂的调查报告。请认真阅读以下材料，并进行评改。

××家具用料与质量调查报告

我们初二（9）班调查小组在2006年11月24日到离学校不远的一家由本地人开设的家具工厂中以“××常用木材与质量”为主题，把工厂经理和厂内工作人员作为调查对象，用口头询问和手写记录的方式进行调查。

我们围绕主题，在参观工厂制造家具过程中对经理进行了许多关于家具常用木材的详细询问。以原料的形状来区分家具的种类，大约可分为两大类：板式家具和实木家具。

（1）板式家具。

所谓板式家具，顾名思义是由一些木板作为原料而制成的家具。刨花板和中纤板是两种最为常见的原板。这些原板多用极为优良的碎木压制而成，具有高强度、美观耐用的特点。厚街60%的家具都是使用中纤板制造的。中纤板同样是由良好的各种碎木加工而成，它具有不变形、不裂纹、坚固等特点，因此深受制造商和消费者的喜爱。这些原料经过黏合、切割、雕刻等工序后，就可加工成美观耐用的厚街家具。

（2）实木家具。

所谓实木家具，其原料多为整段的原木。这些原木直接经雕刻、打磨、砌合的工序后成为家具。这些原木主要有白木和红木两类。白木包括水东枫木、桦木等木材品种，而红木则有红酸枝木和黑酸枝木两种。前者早已是公认的优良木材，而后者则常被世人称为木材中的极品，甚至被称为木材中的金子。这些红色的“金子”因为结构细密、性坚质重、条纹清晰又极富变化的特点而闻名于世，是人们经过长期检验和筛选后认定的优良木材。××家具使用这种红木制造的家具数量占到制造总量的30%～40%，而且有很大部分还用到红木中的上品——一种带有“油脂”的酸枝木。用这样的木材造出来的家具上百年甚至上千年都能完好无损，其坚固性和耐用性非同一般。

金无足赤，人无完人。××家具仍存在一些问题。针对这些问题，我们提出以下建议：

A. ××家具在选材过程中应尽量用最低的价格买最好的木材，不以次充好。

B. 如果在工人的待遇再改善一点，这将令××家具生产更具人性化。

C. 回收剩余的木材，做好循环利用工作，保护好生态环境。

D. 安装完善的环境净化系统，减少木屑及化学物品对周围人员身体的伤害。

E. 尽量使用一些环保的制造材料，讲究产品质量。

F. 厂家建厂地址应选择地势平坦空旷且远离居民区的地方，减少对周边居民的影响。

这一次调查虽然有些辛苦，但它却让我们对××

家具的制造有了深入的了解。××家具的选材用料让我们更肯定了××家具在国际市场上的地位与价值，还有对××家具钻石般品质的认同。同时在这次的调查活动中，平时羞答答的女同学都非常大胆地向场内工作人员提出自己的问题，并针对工作人员的回答发表自己独特的看法。同学们负责发问的积极发言，负责记录的认真记录。有了明确的分工，加上大家默契的配合，才让调查进程如此顺利。大家的胆量和能力都得到极大的锻炼。我们坚信××的家具业，明天将会更好。

[**训练**2]

以下材料选自广西师范大学出版社2004年版的《研究性学习指导》（周庆林著）。该书包括人大附中2002届高中学生吴苏醒写的一篇调查报告。请认真阅读，并进行评改。

关于高一（15）班同学棋类活动的调查

（一）前言

升入高一后，同学们学习的负担加重了不少，娱乐时间也相应地减少了。但随着年龄的增长，同学们的娱乐方式也有所变化，棋类活动悄然进入了班级之中。很多同学通过网络或相互之间进行棋类活动，并对此评价不一。有的人认为棋类活动有益身心健康，而有的人认为这是玩物丧志。究竟棋类活动对人的影响如何呢？同学们对棋类活动的认识又是如何呢？针对此，我对高一（15）班的同学进行了一次调查。

（二）调查结果分析

我采用发放问卷的方式进行调查，发放问卷51份，回收问卷50份，回收率为98.04%。

1. 你经常进行棋类活动吗？

（　　）经常　　　　（　　）有时

（　　）偶尔　　　　（　　）从不

有16人选择“经常”，占32%；14人选择“有时”，占28%；10人选择“偶尔”，占20%；8人选择“从不”，占16%。

2. 你喜欢以下哪类棋类活动？

（　　）围棋　　　　（　　）中国象棋

（　　）国际象棋　　（　　）五子棋

（　　）四国军棋　　（　　）跳棋

（　　）其他

有13人选择“围棋”，占30.95%；10人选择“中国象棋”，占23.81%；11人选择“国际象棋”，占26.19%；23人选择“五子棋”，占54.76%；17人选择“四国军棋”，占40.48%；5人选择“跳棋”，占11.90%；4人选择“其他”，占9.52%。

3. 你通过哪种方式下棋？

(　　) 网络　　　　(　　) 同学之间

(　　) 亲戚朋友　　(　　) 其他

有21人选择“网络”，占50%；16人选择“同学之间”，占38.10%；6人选择“亲戚朋友”，占14.29%；3人选择“其他”，占7.14%。

4. 你在哪个网站下棋？

(　　) 联众　　　　(　　) 边锋

(　　) 中国游戏中心　　(　　) 263

(　　) 基地　　　　(　　) 其他

有18人选择“联众”，占85.71%；1人选择“边锋”，占4.76%；1人选择“中国游戏中心”，占4.76%；5人选择“263”，占23.81%；0人选择“基地”和“其他”。

5. 你每周在棋类活动上花费的时间为多少？

(　　) 1~2小时　　(　　) 2~4小时

(　　) 4~7小时　　(　　) 7小时以上

有7人选择“1~2小时”，占16.67%；20人选择“2~4小时”，占47.62%；10人选择“4~7小

时”，占 23.81%；5 人选择“7 小时以上”，占 11.90%。

6. 你认为自己的水平如何？

（ ）傲视群雄　（ ）出类拔萃

（ ）已有小成　（ ）非常一般

（ ）臭棋篓子　（ ）不知道

有 3 人选择“傲视群雄”，占 7.14%；9 人选择“出类拔萃”，占 21.43%；13 人选择“已有小成”，占 30.95%；10 人选择“非常一般”，占 23.81%；6 人选择“臭棋篓子”，占 14.29%；1 人选择“不知道”，占 2.38%。

（三）分析与意见

通过上面的调查数据，我分析出了几点问题：

(1) 同学们对棋类活动比较喜爱。绝大多数同学都下棋，即便学习的压力很大，同学们都想办法放松自己。

(2) 同学们对适当进行棋类活动持肯定意见，认为这对学习有益无害。

(3) 同学们一致认为，如果棋类活动影响到了学习，应该立即停止这项活动。

我对进行棋类活动的意见是：

(1) 在适当的情况下，可以进行一些棋类活动，但时间不可太长，以免影响休息。

(2) 如果棋类活动影响到了学习，应该立即停止这项活动，切勿上瘾。

(3) 在适当的时候，在班里举行一次棋类比赛，以提高同学们的棋类水平，有利于交流棋类文化。

训练提示：

(1) 注意批改的基本做法。批，指的是对文章进行评论和说明，包括指出优点和缺点，并加以扼要分析。批分为眉批和总批。眉批即旁批，是对文章中某一点（如词句的运用）或某一方面（如段落的内容及安排）进行点评，着重解决个别和局部的问题。总批是对整篇文章的优缺点作总的评价，并给学生指出今后努力的方向。改，指直接对文章的内容和形式进行修改。一般着眼于段落以内的内容，主要是文字、词语及句式。

(2) 要注意批改符号的正确使用。常用的批改符号有：

删除号（），表示删掉不必要的字、词、句、段或标点符号。

改正号（），一般是针对错别字，把错别字标出来，让学生在行外圆圈中填写改正的字。

复原号（△），表示删错了，删掉的还须保留。

嘉赞号（。。。），表示这些词语或句子用得好，写得好。

考虑号（?），表示意思不明，文字不妥，要重新考虑。

(3) 既要严格要求，又要循循善诱。批改时要多就少改，可此可彼的宁可不改；要引导，可以用一些启发性批语或提出一些启发性问题，如“如果……就好了”，“想一想，这里为什么改了就好些?”等等。

(4) 不要面面俱到，要掌握重点。这次训练重点是调查报告的内容及写作格式。要注意该项调查活动是否有意义；注意所得出的结论（如［训练2］中的“分析与意见”）是否和调查报告提供的数据相一致；注意调查报告的格式是否规范。

(5) 评语要实事求是。即使指出缺点也不要用一些讽刺、挖苦的语句。要评出练笔者的信心和热情。

(6) 要注意批改者的示范作用，批语要明确，语句要通顺，书写要整齐，不要出现错别字，不要用错标点符号。

第四单元

语文综合性学习 · 交流指导技能训练

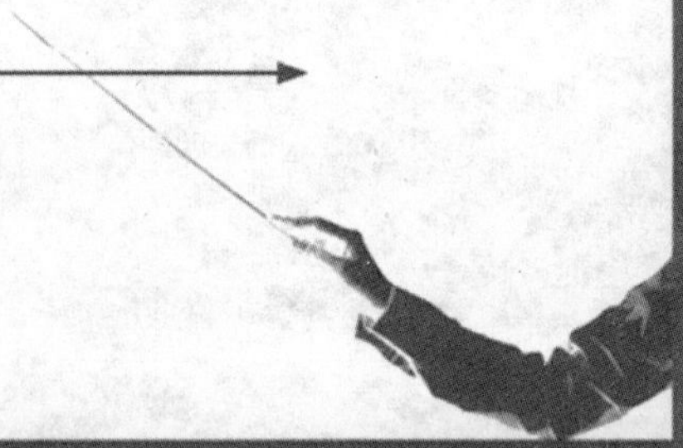

【训练导言】

一、语文综合性学习交流指导技能训练的目标

语文综合性学习交流指导技能是一种指导学生开展语文综合性学习交流的能力。

训练语文综合性学习交流指导技能可以通过观摩、设计等方式进行。

通过训练应该达到以下学习目标：

（1）了解语文综合性学习交流指导的基本规律与做法。

（2）掌握语文综合性学习交流的基本能力。

二、语文综合性学习交流指导的基本做法

语文综合性学习的交流是综合性学习的一个重要部分。在这个过程中，学生们展示探究的成果和心得，与同伴分享探究的过程、方法及独特的体验，也通过观察别人的展示进一步学习表达与交流的技巧，总结并反思自己在探究过程中所得到的经验与教训。可以说，交流是语文综合性学习的一个高潮，是

综合性学习促进学生发展的作用的重要体现。

1. 交流的准备

语文综合性学习交流实际上也是教学活动，是提供给学生展示和分享活动、写作成果的一个机会和平台，通常交流时间为 1 ~ 2 课时。因为时间有限，为了让交流达到最好的效果，教师应做好得当的交流设计，并指导学生做好交流前的准备。

（1）交流指导设计（教学设计）。

语文综合性学习的交流也是一个教学过程，只是它采取的是以学生活动为主的一种活动课的形式，与其他课型一样，教师也要做好充分的准备，事先做好教学设计。交流课教学设计的具体方法可参看第一单元“语文综合性学习·教学设计技能训练”。

在设计交流课的时候，应特别注意考虑的因素有：综合性学习的主题，学生活动的开展、组织，交流的效果，交流过程的评价与指导等。不同主题的语文综合性学习，交流的过程会有很大的不同。有些综合性学习是侧重于课内延展式研究或专题式研究的，如人教版《语文》七年级下册第六单元的综合性学习“马的世界”，交流时就可让学生互相评改小论文或研究报告，也可以小组为单位汇报交流研究成果。有些综合性学习属于生活应用式或模拟实践式、社会活动式的，如粤教版《语文（高中必修 5）》中的活动“到新闻视窗‘亮相’”，让学生体验新闻写作与播报的活动，就比较适合用比赛的形式进行交流。至于学科联结式、自由拓展式、综合能力训练等形式的综合性学习在交流时也应凸显活动内容的特点。

（2）对学生的指导。

这个环节对学生的指导目的在于让学生在交流课上更好地展示，达到更好地交流、学习的效果。因此，指导的重点在于学生展示形式的选择与活动成果的制作。

语文综合性学习的交流形式有很多种，如探究成果展示、探究活动汇报、分组比赛等。教师应指导学生根据综合性学习内容的不同，共同确定交流的形式。

选择了交流的形式，还要注意指导学生处理好小组成果展示与个体之间的关系。综合性学习的交流是以小组为单位的，但每个小组参与展示的很可能只是其中一两个成员，这就要指导学生发挥集体合作精神，从整体出发，协调好主从关系。

不同的交流形式侧重点不同，展示成果的方式也会有所不同，所以，教师要指导学生有效选择成果展示形式。

对于学生的综合性学习而言，写作环节是学生对语文综合性学习过程探究的一个思考总结，这种思考有个人的和小组的。成果展示形式有调查报告、研究报告、小论文等，多以书面形式出现，有些可以直接用于汇报展示，但有些并不适合。所以，教师就要指导学生对不适合用于展示交流的成果形式加以调整。例如，汇报是以小组为单位的，如果有些写作内容是以个人形式撰写的，这时就需要以小组为单位，对各小组成员的探究成果作汇总，然后选择、重新组织成小组的成果。如果原有的成果形式是以调查报告、小论文等书面形式出现的，就要考虑在交流时方便大家阅读的问题，最好把内容适当提炼，制作成课件的形式，再配上适当的画面、音乐等，便于展示时大家了解，使交流能达到更好的效果。

(3) 其他准备。

根据教学设计、学生展示的形式做好相应的准备，如教学媒体（视听设备）、话筒的准备；比赛形式的交流活动中学生评委的选拔、评价标准的设定、公布等。

2. 交流的导入

“好的开始是成功的一半”，作为综合性学习的交流也一样，在开始时要注意调动学生的积极性，营造良好的交流氛围。由于在综合性学习的过程中，学生是自主地参与到探究活动中的，因此，一般来说，学生还是会有比较强烈的交流欲望的，而且要交流的内容也很丰富，而交流的时间、机会又有限，为了使交流达到理想效果，教师就要注意在导入时明确综合性学习的目的，交流的重点，交流的形式、程序等，使交流活动能有序、有效地进行。

例如，在“走进中国传统节日”的语文综合性学习交流环节中，教师先播放明快喜庆的音乐《喜洋洋》，然后动情地导入："同学们，中华民族是一个伟大的民族，有悠久的历史，灿烂的文化。中国文化源远流长，博大精深，是举世公认的优秀文化之一。由来已久的中国传统节日蕴涵着丰富而深刻的传统文化。透过节日，可以感受到我们民族的理想追求、民俗风情；可以体验到我们民族的喜怒哀乐与爱恨情仇；可以挖掘出我们民族的道德标尺与价值准绳。由古及今，透过传统节日，我们可以看到中华民族的美好前程。下面，我们一起来走进中国传统节日。"

通过情境营造氛围可以调动学生的情绪，让学生更有投入感，有效的导入是交流顺利进行的保证。

另一位教师在人教版《语文》七年级下册的综合性学习"马的世界"的交流课中，是这样导入的："马是我们人类忠实的朋友。同学们花了两周的时间去搜集资料，了解、欣赏、思考马。现在就让我们一起进入'马的世界'，分享我们的收获。希望同学们大方、清晰、有条理地说出自己所知道的、所想到的、所感悟到的。"——简明清晰的语言，回顾了综合性学习的内容，明确了交流的目标和要求。

3. 交流的组织

语文综合性学习需要教师关注全过程，而作为综合性学习的重点之一——交流活动，就更离不开教师的有效指导了。在交流活动中教师进行适时适当的指导，可以避免交流活动的偏差和失控。综合性学习与一般的语文课堂教学不同，它特别强调要体现出学生自主、合作、探究的学习特点，而综合性学习的交流也必然以学生为交流活动的主体，学生自主选择交流的角度、方式，交流过程中与其他人的交流也是自主的、随机的，这就给教师的组织、指导工作带来了较大的难度，教师既要注意保护学生的积极性，又要注意正面引导，还要保证交流的顺利进行。因此，教师要积极参与到交流过程中，多从学生的角度考虑，在环节衔接、课堂调控、点评、应变等方面充分发挥组织者的作用。

在交流过程中，教师要发挥促进学生学习的作用，对学生的交流要加以有效的指导和促进。如学生的交流可能比较表面化，教师就要注意把交流引向纵深方向，引导学生明白：交流的内容不仅限于物化的研究报告、改革建议、图片资料等，更应包括探究活动的过程、方法及内心体验，如探究过程中遇到过的困难、这些困难如何克服、克服困难过程中的独特体验和感受等；当然，也包括探究过程中对合作方式的总结、探究后的自我反思、对别人的探究活动的意见和建议等。这样，学生的交流活动才能真正发挥学生自主、合作、探究的学习习惯形成的作用。

4. 交流的总结

交流的总结，不是简单地宣布交流的结束，而应该引发学生更深地思考，更多地拓展，更好地提高。

例如，有位教师在指导学生进行了“世界何时铸剑为犁”（人教版《语文》八年级上册）的综合性学习交流后，最后小结：

“通过本次综合性学习活动，我们搜集、处理信息的能力得到了进一步的提高，同时获得了许多关于战争的历史知识和文学知识，开阔了文化视野，并且对战争有了深层次的了解，提高了对战争的认识，培养了热爱和平的情感和社会责任感。在活动中，我们各小组同学互相合作、共同探究，我们的集体主义精神和团队精神得到了增强。另外，本次活动还提高了我们的口头表达能力，培养了我们的创新思维能力。”

这是对整个综合性学习的回顾、对活动目的的再次明确、对学习成果的评价，这样的总结清晰明了，使学生对整个学习阶段有了比较明确、理性的审视，有利于学生反思自己的学习，找出自己的差距，从而得到更好的提高。

又如，在综合性学习“情感体验”［粤教版高中《语文（必修2）》］的交流结束后，教师总结：

“人间自有真情在，我们珍惜身边的每一份感情，用真心对待每一个人。围绕我们生活的不仅有亲情、友情、乡情，还有爱情、爱国之情……生命多一份真情，人生多一份精彩。”

这是情感式的拓展，引导学生从课内的学习内容拓展到更广阔的范畴，同时进一步思考情感对人生的影响。

【案例评析】

案例一："走近潮汕群星——我也追'星'"教学设计（节选）

广东省汕头市金荷中学　林应婉

（一）教学内容

"走近潮汕群星——我也追'星'"是为人教版《语文》七年级下册第三单元"写作·口语交际·综合性学习"所作的教学设计。

（二）教学简析

教材第三单元都是描写杰出人物的文章。本课将写作、口语交际和综合性学习活动整合起来，通过学生的活动，照应单元内容，延伸和拓展阅读课文，提高学生阅读、表达和交流的能力，引导学生正确对待"追星"，对"名人"有比较客观正确的认识和了解，进一步熏陶感染学生的情感态度、价值观。

（三）教学设想

1. 设计理念

（1）将学科（语文）课程和综合实践活动课程

整合起来，将国家课程和地方、学校课程整合起来，引导学生走近社会，走进生活，主动接触自己身边的人物，在实践活动中学习语文。

（2）要突出“语文”的特性，坚持三条原则，即以阅读为支撑，以自主、合作、探究为主要的学习方式，以表达为落脚点，着眼于全面提高学生的语文综合素养。

2. 切入点

初一学生求知欲强又天真热情，对外界事物有着浓厚兴趣。我们从学生熟悉的潮汕明“星”（如演艺界的笑星）切入，引导他们了解各行各业的名人，进一步开展阅读、表达和交流等活动。

3. 基本步骤

阅读搜寻—走近群星—解读群星—畅谈群星—描绘群星。

（四）教学过程

1. 学习课文，拓展阅读（略）

2. 自主选题，组成小组（略）

3. 采访名人，搜集素材（略）

4. 整合材料，解读群星（略）

5. 汇报展示，共同提高

用1~2节课时间，让学生汇报活动情况，展示学习成果。

(1) 教师导入。

第三单元我们学习了一些名人的事迹，课文各有侧重地写出名人们的品格、气质和生活道路，颂扬他们对人类的贡献。这些日子我们也面对面地接触了潮汕的一些名人，今天，我们的活动汇报课，给大家提供了一个展示你和你所接触的“群星”风采的机会，希望同学们踊跃发言，通过交流讨论，共享语文学习的快乐！

(2) 学生主持。

由学生代表介绍这次综合性学习活动概况，主持汇报展示活动。

(3) 展示成果。

由各组代表发言。主要是：

①讲故事。讲述小组研究、采访对象“潮汕之星”给自己印象最深的故事，包括他的文章、作品等。

②谈心得。畅谈小组活动的收获和体验，包括对“潮汕之星”的认识、感受与评价以及通过这次活动，语文能力得到的训练和提高。有可能的话，还可以配上精彩回放——播放活动期间拍摄的相片、录像或其他资料。

③互动交流。每组代表发言后，其他同学可以提问，通过问答互动交流，共同提高。

（4）总结评价。

首先由学生自评、互评，然后由教师总结。

（五）活动延伸（略）

（节选自《初中新课程语文优秀教学设计与案例》，广东高等教育出版社2006年版）

评析：

这是一个具有浓厚地方特色的语文综合性学习方案，设计者根据教材要求，考虑初中学生的学习特点，结合地方特色，组织学生进行采访、学习身边的“群星”的综合性活动，整个活动以表达交流为落脚点，既训练了学生的语文能力，又体现了情感、价值观的熏陶。这里节选的“汇报展示”环节，就是整个设计理念的集中体现。教师的导入简明扼要，既联系了课内的学习，又明确了活动宗旨，更提出了“提供展示机会”、“共享语文学习的快乐”等交流的目的，直接将学生引入交流的状态。从展示的要求、形式来看，教师事前对交流活动的指导是到位的，讲故事、谈心得、互动交流等三个环节使学生的交流既有共性，又有个性，且比较全面地展现了学生的活动成果。“谈心得”的环节强调“通过这次活动，语文能力得到的训练和提高”，充分体现了活动的“语文”特点，让学生明确了解活动的最终目的是要切实提高语文素养。“互动交流”环节使交流更深入、更充分。

思考：

1. 根据这个教学方案，你认为交流前的指导有哪些具体的工作？这些指导对学生的交流有什么作用？

2. 你会对学生主持提供什么支持？

3. 如果让你来总结评价，你会怎么做？

案例二："认识自我"教学设计（节选）

广东省东莞市东莞群英学校　杨碧楚

（一）指导思想

本教学设计基于粤教版普通高中《语文（必修1)》，贯彻"构建开放、有序的语文课程"、"以学生为主体、以活动为形式、以培养语文素养为目的"的新课程标准基本理念，在教学过程中"倡导自主、合作、探究的学习方式"，使"语文学习的过程成为探索的过程"。

（二）活动目标

（1）反省自我、认识自我、调整自我。

（2）积累语文基础知识、训练阅读联想能力、培养深入思考能力。

（3）培养合作精神、感受语文在生活中的作用。

（三）活动流程

第一课时：

阅读漫画、思考、讨论。

第二课时：

阅读《童年》歌词，回忆自己童年的趣事，并写下来；课外了解别人对自己的评价并做好整理。

第三课时：

学习《朝抵抗力最大的路径走》。

第四课时：

学习《我很重要》。

第五课时：

学习《北大是我美丽羞涩的梦》；布置课外作文练习：讲述自己的故事。

第六至八课时：汇报、交流。

第六课时：

1. 教学目的

体会表达方式对表达交流的作用，学习修改语言的基本方法，培养合作学习的习惯和精神。

2. 活动内容

将自己的故事在小组内交流，对照写作要求，互相提出修改意见，自己修改。教师巡视各组情况，解答疑难问题。亦可对个别修改有困难的学生进行辅导或讲解修改个案。

注意：要特别重视“议论、抒情”和“细致描绘”在表达中的作用，它们是作文训练中最基础也是最重要的要素。

3. 思考链接

沟通、交流能力是未来社会中重要的生存能力。你觉得与人沟通的最大障碍是什么？怎样才能克服它？

第七课时：

1. 教学目的

树立学习信心；体验成功的快感；奖励先进；训练表达交流能力；学习他人的学习成果。

2. 活动内容

活动成果汇报一：优秀个案汇报。

3. 活动方式

由语文科代表或由学生推荐一名同学做主持人。每小组推荐一名代表上讲台展示自己的活动成果，并讲述自己的故事。教师帮助主持人调控课堂并协助讲故事的学生运用多媒体实物演示仪展示活动成果，给主持人和每位上台的学生发纪念品。最后小结。

第八课时：

1. 教学目的

树立学习信心；展示自我，体验成功的快感；学习他人的学习成果；培养诚恳评价、虚心倾听的品质。

2. 活动内容

活动成果汇报二：全部活动成果展示。

3. 活动方式

所有同学将自己的活动成果放在课桌上，离开座位自由查看他人的活动成果。同学之间可以讨论、交流、评价。教师深入学生之中，倾听学生意见，帮助学生解答疑难问题。对有代表性的问题进行个案分析。最后小结。

（节选自《高中新课程语文优秀教学设计与案例》，广东高等教育出版社2005年版）

评析：

这个语文综合性学习的教学设计共有八个课时。比较难得的是学生的交流活动一直贯穿于整个综合性学习过程，也就是说，在前五个课时的教学中，虽然是以学习课内内容为主，但教师还是充分体现了“以学生为主体，以活动为形式”的教学理念，不断地提供机会给学生交流，让学生在交流中促进思考、积累素材、锻炼表达交流能力，这些都为最后的汇报交流环节打好了基础。

最后的三个课时以汇报交流为主要内容，时间比较充裕，学生参与交流的面比较广。三个课时的侧重点不同，从小组交流到优秀个案汇报，再到全体交流，整个交流环节显得很有层次，而且充分。交流过程或是小组内学生互评，或是学生主持，真正让学生成为交流活动的主体。而教师的巡视、参与、辅导则很好地体现了教师作为活动的组织者及学生学习的促进者的作用。更难得的是，最后一个环节的全体交流突破了只让优秀个案展示的局限，真正做到了面向全体学生，而且前两个课时的交流起了示范作用，这个环节的交流也就显得有基础，容易见效。在时间比较充分的情况下，教师如能在总结环节中指导学生适当提升、拓展就更理想了。

思考：

1. 如果将三个交流的课时合为一个，你会怎样做？效果会如何？

2. 在交流的过程中，你会对学生作哪些指导？怎样引导学生交流探究活动的过程、方法及内心体验？

3. 在学生交流结束后，你会给学生再修改、调整自己的学习成果的机会吗？

案例三："情感体验"教学设计（节选）

广东省佛山市南海区九江中学　赖锦城　黄　琛

（一）教学要求

（1）本教学设计基于粤教版普通高中《语文（必修2）》。所选单元有亲情文章：老舍的《我的母亲》，友情文章：吴泰昌的《冰心：巴金这个人……》，乡情文章：黄河浪的《故乡的榕树》，要求学生能运用自己喜欢的阅读方法，感受作品中的人物和事件。通过活动让学生认识情感，体验情感，珍惜情感，更好地表达自己丰富的感情。

（2）本单元是活动课，要求学生要大胆、积极、主动参与，根据自己的体会，向同学讲述一种你体会最深的情感。学会搜集自己需要的资料和信息，拓宽自己的阅读面，养成良好的阅读习惯。

（3）学习散文的语言特点，体会文章的叙事、抒情写法。

（4）能就本单元中感兴趣的问题开展活动或确定主题进行探究，学会质疑和审美评价。

（二）教学重点

(1) 深刻感受和体会亲情、友情和乡情。

(2) 通过听、唱、说、写的活动，让学生主动参与，全面“动”起来，引导学生从多个人物身上、多个角度和侧面，去领略亲情、友情、乡情，从而对学生的情感、态度、价值观起到一定的升华作用，达到爱我亲人，爱我朋友，爱我家乡，爱我生活，爱我社会的目的。

（三）教学设想

(1) 课前让学生预习，阅读文本，熟悉课文内容，布置课后作业，写一篇有关亲情、友情和乡情的文章，任选一项。

(2) 上完《我的母亲》、《冰心：巴金这个人……》、《故乡的榕树》这三个课时后，第四课时主要是总结提高，展现学生对亲情、友情和乡情的感悟文章，发表看法。

（四）教学过程

（第一至三课时略）

第四课时（归纳展示课）

1. 教学要求

活动展示：总结四节课的学习心得，让学生展示自己对乡情、亲情、友情的感悟，发表见解。

2. 教学重点

(1) 培养学生的表达能力。

(2) 培养学生健康的情感。

3. 教学步骤

(1) 导课。

在人类美好情感的百花园中，亲情、友情、乡情、爱情是几株芳香夺目的奇葩，通过几篇课文的学习和活动，我们知道“情”缘何感人至深，“情”缘何崇高珍贵，我们的生活永远与真情相伴。

(2) 分组活动。

以“亲情”、“友情”、“乡情”分成三组，每组同学交流自己的文章，推荐两位同学上台朗读自己组的一篇精彩文章，并发表见解。

(3) 自由发言。

可补充搜集有关亲情、友情、乡情的经典故事及名言警句。

(4) 课外引申。

用PPT投影以下文章，进一步让学生体会人间真情。

①播放凤凰卫视《冷暖人生》中《替人哭丧的人》。

②介绍故事。几个猎人将一群羚羊赶到一座悬崖上，对面有座山峰，但没有一只羚羊能跳过去。后来

分成两队，一队年轻一队年老，一老一少同时跳，在半空中小羚羊借力于老羚羊，如同踏着一块跳板飞到了对面山崖。羚羊以这种方式换取了族群一半的生命。

③介绍故事。

有一个美国旅行者在非洲撒哈拉沙漠看到这样一幕：

无人区里有一只母骆驼带着几只小骆驼一路低着头，不时地停下来闻着干燥的沙子，按照常识，旅行者知道这是骆驼在找水喝。它们显然渴坏了，几只小骆驼无精打采地走着，在太阳的炙烤下，它们的眼睛血红血红，看起来快要支撑不住了。

旅行者还发现，小骆驼们紧紧挨着骆驼妈妈，而母骆驼总是根据不同的方向驱赶孩子们走在她的阴影里。

终于，它们来到一个半月池边，停住了。几只小骆驼兴奋异常，打着响鼻。可是，池水太浅了，站在高处的几只小骆驼不论怎样努力，也无法把嘴凑到池水边上。

惊人的一幕发生了。那只骆驼妈妈围着她的孩子们转了几圈，突然纵身跃入池潭……水终于涨高了，刚好能让小骆驼们喝着。

④播放朝韩50年离散亲人相聚的电视画面。

(5) 教师总结。

人间自有真情在，我们要珍惜身边的每一份感情，用真心对待每一个人。

围绕我们生活的不仅有亲情、友情、乡情，还有爱情、爱国之情……

生命多一份真情，人生多一份精彩。

(6) 播放歌曲《真的爱你》。

(7) 作业。

①课后让学生交换有关的感受文章及搜集的资料。

②推荐阅读亲情作品：汪曾祺《多年父子成兄弟》、丰子恺《给我的孩子们》、余光中《我的四个假想敌》。

③推荐阅读友情作品：郁达夫《水样的春愁》、黄宗英《快乐的阿丹》、巴金《再忆萧珊》、孙犁《亡人轶事》。

④推荐阅读乡情作品：老舍《想北平》、张中行《吃家乡饭》、郑振铎《离别》。

（节选自《语文教学与学业评价》，广东教育出版社 2005 年版）

评析：

这个案例是一个完整的语文综合性学习的教学设计，这里选的是其中的第四课时，也就是交流环节。前三节课的设计主要是文章阅读指导，感受亲情、友情、乡情，而第四课时的重点在于让学生提高感悟。从交流课的整个过程来看，该设计能较好地体现单元教学要求，对前三课时的学习起到总结提升的作用。学生的分组活动、自由发言体现了学生在交流活动中的主体性，也让学生有机会把课内学习的知识、感悟与自己的体验相结合，并延伸到课外（资料、故事搜集），而教师课外引申的故事、课后推荐的作品也确实为学生的进一步自主学习提供了指引。在交流的组织上，开始的“导课”能注意与前几课时相联系，体现单元教学的整体性。最后的“教师总结”不仅呼应开头，使整个交流活动具有完整性，而且适当延伸到爱情、爱国之情等其他感情上，留有空间，引发学生对情感体验的进一步思考。

思考：

1. 在交流中的“课外引申”环节，教师强调的是人类的情感，而教师所用的四个材料中，有两个是关于动物的，你认为这些资料恰当吗？

2. 在这次交流中，你认为学生的交流活动足够吗？如果希望学生的活动层次更深些，你会怎样做？

3. 课后的作业对学生的交流起了什么作用？你会怎样落实？

【技能训练】

一、交流指导观摩

（1）观摩一次综合性学习交流教学的教学录像，并写一篇观课笔记，注意对教师在交流过程中的指导行为做详细记录并适当点评。

（2）认真阅读以下语文综合性学习课堂实录片断，留意教师在学生的交流活动中的指导，结合综合性学习交流指导的要求和做法，谈谈你的看法。

《成长的烦恼》课堂实录（节选）

深圳市南山区育才二中　银艳琳

1. 导入课题

2. 第一环节：倾诉你的烦恼（略）

3. 第二环节：品读诗歌（略）

4. 第三环节：与君一席谈，胜读十年书

师：品读诗歌，我们与诗人对话。在现实生活中，我们有更多的交流途径，下面就请进入活动的第三个

环节：与君一席谈，胜读十年书。（播放幻灯片）

父母作为我们人生的启蒙教师，他们往往有许多经验和教训，可以作为我们的借鉴。因此首先请与父母谈。

同学们课前也采访过自己的家长，做了采访笔记。这里有一段同学采访家长的录像，同学们一边观看，一边讨论。（打开录像）

师：这位同学就学习、情感等问题访问了自己的妈妈，还问及妈妈过去的烦恼及化解的方法，请妈妈为自己指点迷津，看来沟通得还不错。下面，请同学们讲讲自己和家长的对话。

生1：我的爸爸在上初中时，上课就递纸条给我妈妈，结果他们在学校里受到老师的批评。（听课老师笑）

师：你很坦诚，那你爸爸怎么看待老师的批评呢？

生1：我爸爸和妈妈就努力读书，不过，还是没有考上大学。

师：那你爸爸允许你也上课递纸条吗？

生1：不，我父母不希望我步他们的后尘，他们要我专心读书，因为一心不可二用嘛！

师：说得好，希望你记住父母的教训，能达到他们的要求，好吗？

生1：好！

师：请大家向他学习，踊跃发言。

生2：我爸爸小的时候家里很穷，他小学后就辍学了，现在虽然有钱了，但他却没有机会读书了，所以他希望我好好念书，因为以后的竞争会更加激烈。

师：你爸爸说的都是肺腑之言，你要牢牢记住！

生3：我的妈妈生活在一个革命家庭里，家规很严，但我妈妈天生叛逆，父母不准的，她偏要去做，经常在外面打架生事，跟我外公外婆的关系很紧张。

师：那你妈妈怎么要求你呢？

生3：我妈妈希望我不要像她那样不听话，要我经常跟她沟通，不要养成叛逆的个性。

师：为什么你妈妈对你的要求跟她自己小时候的表现不一样呢？

生3：我妈妈说叛逆的个性不利于与人相处，因此难以成功。

……

师：父母的金玉良言，苦口婆心，都是为了让同学们少走弯路。请同学们经常与父母交流，这样一定会受益匪浅。

下面请同学观看两段情景朗读，要求朗读的同学要有音量、表情、身体动作，要求其他同学认真听，待会儿好发表高见！

(1) 差生的烦恼

(一男一女表演，以表情朗读为主)

男生：我是初一的学生。那一天，数学期末成绩出来了，老师按名单一个个报分，前面二三十个是九十几分的……

女生（扮老师）：崔小路，85……（停顿片刻）这是差生考的成绩了。

男生：差生，什么意思？差生！差生！我是差生?!

……

这一幕的记忆非常清楚，无法抹去。后来，我开始怕老师的目光，我害怕老师提问，我回答问题的声音像蚊子声，我害怕站在老师的面前，那时，我就会嘴唇发干，心跳加速……

其实，我只是数学比较吃力，遇到难题就蹙额，其他都还行，至少也是个中等生吧。

新学期开始，照例要进行测验，我寒假的努力没有白费，数学考试只错了一点点，我太开心了！马上就要讲评试卷了……

女生（扮老师）：王奇，你怎么考成这样啊？崔小路都考了90多分哪！不是说崔小路怎么样，但他总不是数学尖子吧？啊？

男生：这是怎么了？考85分是差生，考90多还是遭老师嫌弃！

我再也听不进数学课，我宁愿在家自学。我常常萎靡不振地盯着黑板，心思却早飞到了外面。

同学们，老师们，你说我该怎么办，这能全怪我吗？

(2) 少女的祈祷

女生（扮女儿）：童年是特别美好的，那是我记忆中最美好的时光。

然而，父母的离婚仿佛突然之间撕碎了我美好的生活，把残酷的一面抛在我的面前。我爸爸不再回家，他住到了奶奶家，而只有我和妈妈的家变得冷清而伤感。

我的爸爸真的不要我了？我想他回家，我要去恳求爸爸回家！

爸爸说过他爱我，我一定要争取一家的团聚！

我抱了这样的信念走进奶奶的家。我劝说爸爸回家，说着说着就哭了，边哭边劝，其实是在哀求，可是——

男生（扮父亲）：没用的，莹莹，你不要这样！

女生（扮女儿）：到后来，我都要给他跪下了，可爸爸仍是不松口。我太失望了，太失望了！我冲出奶奶的家，向附近的一个游泳池跑去。我知道那游泳池深水处有3米深，我真想跳下去算了！我跑到游泳池边，不料那里面连一滴水也没有！我在池边坐下，泪流满面。

难道，一帆风顺的渴望，只是梦中美丽而无奈的梦想？面对接踵而至的风浪，我该怎么办？

……

师：同学们的表演很投入，只是广东口音还能隐约听到，望加倍努力，提高普通话的水平。

刚才四个同学表演的内容，都是真实的个案，是我们身边的故事。假如他们就是你的知心好友，你会对他们说些什么？

生1：我觉得崔小路不必烦恼，考他几个100分，看数学老师还怎么说！

生2：我觉得老师有偏见！

师：那你们想对老师们说些什么呢？

生3：我觉得老师不该偏心，要一视同仁！

生4：希望老师能经常和我们交流沟通，了解我们的困难和想法。

生5：我希望老师多看我们的优点，从更多的角度评价我们，而不只是看分数！

师：同学们说得多好啊，请在座的各位老师给同学们掌声。(掌声雷动)

师：学习的烦恼不是我们烦恼的全部，少女莹莹的烦恼又该如何缓解呢？

生6：我觉得莹莹不用向爸爸求情，因为父母即使离婚了，也是爱孩子的，只要我们乐观面对，一样可以成长进步！

生7：我也觉得用不着向她爸爸求情。她应该坚强起来，努力学习，而且要安慰自己的妈妈，让妈妈快乐地生活，没有爸爸，一样可以过日子！

师：你真是太懂事了，老师也被你感动了，好样的！

父母的事情我们无力决定，但我们可以有积极的态度，笑对人生的起起落落。

今天，同学们为烦恼的崔小路和莹莹出谋划策，充分思考，积极应对，表现出色！但我们也要知道，人生的烦恼一个接一个，我们的思考还要继续，在这个过程中，我们大家也一定会增长智慧，获得成长。

5. 第四环节：将烦恼打个比方（略）

训练提示：

观摩笔记的撰写可参看第二单元的“观摩训练”之训练提示。

对教学案例进行分析时，要注意教师对学生发言的评价及引导，还应注意教师对整个交流过程的组织，如交流的导入、不同环节的过渡、对学生交流的适当小结等。

二、交流指导设计训练

根据以下材料，试设计一个综合性学习交流课的导入与小结。

“我爱语文”读书活动交流（七年级）

（一）活动目标

（1）让学生放飞想象的翅膀，在阅读、交流实践中感受语文学习的无穷魅力。

（2）培养学生自主学习、主动探究、互助合作学习的能力。

（3）培养学生的文学兴趣及创造性思维能力。

（二）活动前准备

（1）布置开展“我爱语文”读书周活动的任务。

学生在一周内读两本书：一是王尔德的《快乐王子》，另一本自选（童话、神话、诗歌）。做好读书笔记，写一篇读后感，进行文学小创作，学编小课本剧。

（2）介绍读书笔记摘要卡的做法：

书名：________________

作者：________________

主要人物：________________

主要内容介绍：________________

____

我的收获（或评价）：________________

____

____

（3）学生准备交流内容，如自己对文学的感受、喜爱文学的原因、文学对自己的影响等。

（三）活动形式

（1）学生自由组合，组成两个小组进行文学方面及读后感的交流。

（2）布置文学小创作（课本剧）的评选。

训练提示：

（1）导入的设计要注意求精、求巧、求疑，即要有概括性、趣味性和启发性。作为综合性学习的交流，其导入既要有一般课堂导入的特点，又要注意激发学生的认知需要和学习期待，促进学生参与意识的形成。

（2）结束语的设计要注意使学习内容系统化，增强交流的效果。在交流过程中，学生可能很有热情，也乐于参与，但这些学习行为可能是短期的、随机的。而有效的结束语，能帮助学生进一步强化交流过程中得到的信息，从而真正实现交流的目的。

（3）综合性学习强调课内学习与课外学习的结合，强调学生在生活中学习语文，强调创造性思维的培养，更强调学生的自主学习。因此，导入语和结束语应注意凸显综合性学习的特点。

第五单元

语文综合性学习·教学评价技能训练

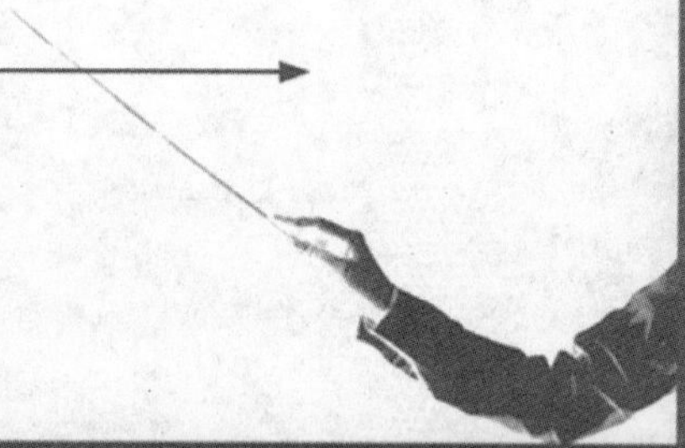

【训练导言】

一、语文综合性学习评价技能训练的目标

语文综合性学习评价技能是一种教师对学生参与语文综合性学习的评价或指导学生进行自我评价、互相评价的能力。

训练语文综合性学习评价技能可以通过评价方案设计及完善、评价方案反思等方式进行。

通过训练应该达到以下学习目标：

（1）了解语文综合性学习评价的基本规律与做法。

（2）掌握语文综合性学习评价的基本能力。

二、语文综合性学习评价的基本做法

（一）评价设计的准备

1. 明确评价的目标

要实施评价，首先要明确评价的目标。先要明确综合性学习目标，其次要明确评价的目标。综合性学习评价的目标是为了促进学生的发展。这里的目标有两个层次，一是语文课程评

价的总目标，二是综合性学习评价的目标。

关于语文课程评价的总目标，《语文课程标准》指出："语文课程评价具有检查、诊断、反馈、激励、甄别和选拔等多种功能，其目的不仅是为了考察学生实现课程目标的程度，更是为了检验和改进学生的语文学习和教师的教学，改善课程设计，完善教学过程，从而有效地促进学生的发展。"也就是说，"促进学生的发展"是语文课程评价的最主要目标，当然，这也必然是综合性学习评价的目标。

至于具体到综合性学习评价的目标，《语文课程标准》也有明确的要求："综合性学习的评价应着重考察学生的探究精神和创新意识。尤其要尊重和保护学生学习的自主性和积极性，鼓励学生运用多种方法，从不同的角度，进行多样化的探究。"可见综合性学习评价的重点目标是"考察学生的探究精神和创新意识"。

这里的目标不仅要注意摆脱评价仅是"对学习的评价"的观念，区别于以往评价中过分强调选拔的倾向，更要注意配合综合性学习的目标，强调评价诊断、激励、发展的功能。通过评价的倒流作用，能真正地让学生在语文综合性学习中全面提高语文素养，培养学生主动探究、团结合作、勇于创新的精神，从而达到促进学习、促进学生发展的目的。

2. 确定评价的原则

确定评价的原则，能切实地促进评价的有效进行，并使评价有所依据。

根据《语文课程标准》中对评价提出的基本原则和建议，可基本确定语文综合性学习评价的原则：

（1）促进性。

这是从评价的目的来看的，新课程强调用发展性的评价观来进行评价。发展性评价观强调，评价除了基本的检查功能和固有的甄别和选拔功能，还要有反馈调节的功能、展示激励的功能、反思总结的功能、记录成长的功能和积极导向的功能。在综合性学习中，评价是着重考察学生的探究精神和创新意识，所以更要发挥其促进作用。

（2）开放性。

开放性原则是从评价的主体和形式来讲的。发展性的评价强调多元评价，《课程标准》也强调“要多让学生开展自我评价和相互评价”，综合性学习要着重评价学生“在活动中的合作态度和参与程度”。在语文综合性学习中，由于倡导自主、合作、探究的学习方式，强调学生在学习过程中的主体地位，所以，评价更应注重开放性，要进行多元评价，特别要关注学生作为主体的评价。

评价的开放性，一方面体现在评价主体的多元化，打破以往以教师为唯一评价主体的模式，让学生成为学习和评价的主体，加强学生的自我评价和相互评价，且注意让学生家长、社区机构等积极参与评价活动。其中，学生的自我评价让学生更关注自己的进步，通过评价学生能够更多地了解自己有哪些长处，在哪些方面遇到困难，从而有针对性地进行学习。学生的相互评价，能更好地让学生了解“别人眼中的自己”，从而促进反思，获得更好的发展。教师的评价则发挥调控作用，是使教学活动顺利进行，更好达到学生学习目的的保证。家长、社区机构等的评价是创设良好学习环境的保证，也是促进学生通过综合性学习把语文和生活进一步结合的催化剂。

评价的开放性，另一方面体现在评价形式的多样化。师生互评、生生互评、学生自我评价、家长评价、社会评价等方式让评价更全面而有效。另外，对学生学习过程、发展、结果等不同阶段、不同内容的评价也是评价形式多样化的体现。而且，不同的评价方式方法各有其针对性——有些发展侧面，如认知水平，需要通过书面的语文考试进行评价；有些发展侧面，如学生的兴趣特长，较适合于通过观察活动来评价；有些发展侧面，如学生的情感态度和实践能力等，用成长记录的方式才能比较全面地评价；还有些发展侧面，如探究能力，由于它的形成具有重过程和重体验的特点，所以不能简单地以活动结果作为评价的主要依据，而应将学生自主探究的过程与结果统一起来加以评价。

评估方式和方法的多样化，充分发挥了评估诊断、激励和发展功能，应注意在调动学生积极性、减轻学生负担以及保证评估的信度与效度之间寻找合适的平衡。

(3) 整体性。

评价要有整体规划，教师在教学开始时应有全盘计划，并在教学过程中再加以具体化。语文综合性学习是以语文课程的整合为出发点，强调语文课程内部的整合，强调语文课程与其他课程的整合，强调语文学习与学生生活的整合。因此，在进行语文综合性学习评价时，要注意知识与能力、过程与方法、情感态度与价值观的交融和整合，体现语文课程目标的整体性和综合性。语文综合性学习强调关注学生整个学习过程，评价的着眼点在于学生“在活动中的合作态度和参与程度；能否在活动中主动地发现问题和探索问题；能否积极地为解决问题去搜集信息和整理资料；语文知识和能力综合运用的表现；学习成果的展示与交流”。因此，评价的整体性尤其重要，教师可以尝试在教学设计过程中设置“综合性学习成果指标”，发挥评价的倒流作用，使学习过程更有效，使评价更有整体感。

（4）适切性。

语文综合性学习评价的适切性是指在评价过程中要注重可行性和有效性，力戒烦琐和零碎，防止片面追求形式。要真正做到评价的适切性，一方面要更多着眼于不同主题的语文综合性学习的差异性和多样性，注意不同主题学习本身的特点和要求，注意各学校各班级的不同情况，“因活动制宜”，全面、真实、客观地评价。另一方面，也要强调关注学生个性化学习需求和个别差异的评价，通过进展性的评价，跟进学生的学习进程，通过评价来鼓励学生按照个人的学习步伐，循序渐进地达到学习目标。

3. 了解教学目标、熟悉教学内容与设计

评价需配合教学，为教学目标服务。教学目标（或教学宗旨）是指引，因此必须先了解教学目标。

了解要进行评价的综合性活动教学的目标、教学内容及这些内容是为了培养学生哪方面的语文能力等，对评价方案的设计有着重要的参考价值。

4. 了解学生情况

了解学生情况，评价方案的设计就能更有针对性，也能更好地体现评价的适切性。这里对学生情况的了解，同样分为一般性了解和针对性了解。具体做法请参照“教学设计技能训练”单元。

（二）评价设计构思

1. 评价目标及重点的确定

评价目标是整个评价过程的重要指标。语文新课程的目标体系是根据知识和能力、过程和方法、情感态度和价值观三个维度设计的，这也是语文综合性学习评价的目标依据，但这是隐性目标，各学段的阶段性目标才是显性目标。语文综合性学习的评价目标首先要根据不同学段的目标来制定，如第四学段的综合性学习目标中有“能自主组织文学活动”、“独立或合作写出简单的研究报告”、“能用文字、图表、图画、照片等展示学习成果”、“掌握查找资料、引用资料的基本方法”等要求。因此，在第四学段的语文综合性学习评价中，目标的制定就应考虑这些相应的语文能力的考察和促进。

学生的学习过程是持续改变的，评价自然也不是一次性的运作，因此评价的目标也应体现发展性。当然，每一次的综合性学习不可能涵盖全部目标，而应各有侧重点，因此，各对应的评价也应有侧重点。具体的评价目标的确定，则应配合各主要学习内容的目标，而且每一项（或每次）评价都应有所侧重，不必求全。

2. 评价时机的选择和确定

评价时机的选择很重要，直接影响到评价的作用和学习的效果。要真正达到促进学生发展的目的，评价的时机就一定要及时且得当。通常在较重要的学习内容完成后，就要有相应的评价，这样既能跟进学生的学习进程，及时扫除学生在学习过程中出现的障碍，又能对学生的进步给予适时的指导和鼓励，更能通过及时的评价促进反思，提升学生在学习过程中的自我监控、自我管理和自学能力。

评价时机的选择也与评价内容有密切的关联。例如，要评价学生“在活动中的合作态度和参与程度”，当然要在活动的整个过程中观察、评价；要考察学生“能否根据占有的课内外材料，形成自己的假设或观点”，时机就该选在综合性活动的中后期。

确定评价的时机实际上也就初步确定了评价实施的节奏。

3. 选择评价主体与评价方式

根据不同的学习阶段、学习方式，评价的侧重点也各有不同。因此，选择恰当的评价主体与评价方式，对实现评价目标非常重要。

一般来说，由于语文综合性学习强调以学生为主体，提倡自主、合作、探究的学习方式，因此在评价上也强调多让学生进行自我评价和相互评价，也就是说，在评价的许多环节中，如调查、搜集资料、讨论、集体成果制作或研究报告的合作撰写等过程中，学生应是评价的主体。当然，由于综合性学习也强调语文与生活相结合，对于学生在课外和校外的学习过程，也应当选择家长或社区等作为评价主体，使评价更全面且具体。

教师由于全面了解学生的总体情况，能准确把握学习目标和评价目标，因此，在总结性的评价中，教师应是评价的主体。

根据不同的学习内容和评价的侧重点，可选择不同的评价方式和评价方法。

常见的评价方式有：

（1）日常作业：平时的常规性作业。

（2）测试：包括书面和口头的测试，日常或阶段性的测试。

（3）观察：观察学生在课堂交流、活动开展过程中的态度、参与度、表现等。

(4) 比较：有横向比较和纵向比较，应更关注纵向比较，即学生个人的进展。

(5) 活动：包括专题研究、交流活动等。

(6) 成长记录或学习档案：收集、积累能够反映学生语文学习发展的资料，记录学生成长过程，制作成学习档案。

(7) 综合：自主探究过程与结果统一评价。

常用的评价方法有：

(1) 用典型事例评价。

(2) 用期待语言评价。

(3) 用活动记载评价。

(4) 用物化成果评价。

(5) 用模糊等第评价。

(6) 用具体分数评价。

4. 评价方案的编写

评价方案的编写实际上是整理评价设计的思路，明确评价的具体措施的过程，着重要把前面所考虑的各环节的因素组合起来，并将它们细化，形成书面材料。其原则是“整体考虑，灵活组合”。

(1) 初步拟订评价方案。

这其实是一个初步整理思路的过程，根据评价的目标，根据主要的学习内容，初步选择恰当的评价主体和评价方式，将各主要教学内容与评价方式相对应。初步拟订的评价方案应包括评价目标、主要的评价时机和评价次数、评价的方式方法等。

（2）评价方案的充实与完善。

这是对上述初步方案的具体化，要在上述基础上考虑得更细致，为评价的实施提供切实可行的依据。评价方案的充实与完善包括制定各项评价活动的准则、确定各评价内容的比重、各评价环节中评价主体的选择及实施方式的运用、考虑评价材料汇总的形式、评价后期分数与等级的转换，学习历程档案的内容等。

在这个环节中，评价准则的制定、评价内容的比重确定对评价的信度、效度有重要作用，对学生的学习也有着重要的指导意义。

例如，对于一项资料搜集活动的评价而言，资料的搜集的评价比重宜小，对搜集而来的资料的运用的评价比重宜大，则其暗示的导向是：评价的重点是“根据材料，形成自己的假设或观点”，而不是简单地“占有材料”（见表 1）。相比之下，表 2 则是强调在写作活动过程中，学生对材料的搜集与整理。

表 1　人物传记写作评价表

<table>
<tr><td rowspan="3">写作（100 分）</td><td>资料搜集（20 分）</td><td></td></tr>
<tr><td rowspan="2">写作内容（80 分）</td><td>原创性（20 分）</td></tr>
<tr><td>其他（60 分）</td></tr>
</table>

表2　人物采访写作评价表

写作（100分）	采访提纲及记录（40分）
	写作内容（60分）

语文综合性学习档案通常是对整个综合性学习过程中重要材料的汇总，对学习档案袋的内容的确定也在某种程度上明确了评价实施过程中对表现学生学习状态的一些材料的搜集积累。

（三）评价的实施

评价的实施分两种形式，即进展性评价与总结性评价。

1. 进展性评价

进展性评价是在学与教的过程中经常进行的，着重给予学生适时与优质的反馈。教师可以根据所收集的学生学习表现，了解他们的学习需要以及强弱之处，并给予反馈和调整自己的教学策略，提高学习效能。

进展性评价包括综合性学习交流前的评价和交流过程中的评价。

（1）交流前的评价。

交流前的评价通常是在综合性学习成果交流前，教师或学生对学习中前期各人的学习态度、学习进展情况、成果的初步制作的评价。这个环节的评价的主要目的是及时跟进学习进程，给学生以具体、有针对性的文字或口头改善建议，让学生了解自己的学习状态与学习目标之间的距离，从而调整学习策略，更好地完成学习目标，提高语文素养。

（2）交流过程中的评价。

交流中的评价一般是指教师在综合性学习的交流环节中，对学生的交流及时加以评价，调动并激发学生的主动意识和探究意识，促进学生更充分地交流；或者是学生对其他同学的成果展示发表见解，提出质疑，从而促进交流的深度和扩展交流的广度，以更好地达到综合性学习的目的。

交流中的评价属于情境性评价，即真实性评价，其暗含的意思是：评价是学习的一部分，是不断发展变化的，成功或失败只能用学生在新的环境中应用知识、技能和能力的具体事实来说明。具体到语文综合性学习的交流过程中，是指对学生进行成果展示与交流时的行为的即时且适度的评价。

交流中的评价往往是生成性的。教师要根据学生的实际情况进行评价或让学生即时评价。一般来说，这时的评价特别要注意以激励为主，对学生在综合性学习过程中的探索要以鼓励、表扬等积极的评价为主，多从正面加以引导。但同时，要使评价真正达到激励的目的，就要加强评价的客观性，表扬鼓励要实事求是，恰到好处；有时准确、恰如其分地指出学生的问题所在或发展的空间能更好地激励学生，促进其发展。

2. 总结性评价

总结性评价是在一个学习时段结束时进行的，主要目的是让学生了解自己在整个学习过程中的表现，让学校及家长了解学生的整体学习表现，让教师检视教学计划，调整教与学的策略等。

总结性评价通常采用学习成长档案袋或学习成果制作等形式，也可以是把整个综合性学习过程综合在一起，按各个环节的评价比重评定成绩，最后给出一个综合的分数。

例如，人教版七年级下册《语文》第六单元的综合性学习内容“马的世界”，教师设计整个活动过程为：指导学生进行相关文章的阅读，确定各小组的研究角度，搜集与研究专题相关的资料，然后个人撰写调查报告，最后以小组为单位，制作展示交流成果，并派代表汇报研究成果。

根据以上综合性学习内容，可采用不同的总结性评价方案：

方案一：教师采用学习成长档案袋的形式进行评价，并根据活动内容设计档案袋的内容为：目录、研究专题及选择专题的原因、阅读笔记及评改（自评、互评）、个人调查报告及评改（自评、互评）、小组成果及总结反思、教师评价等。

方案二：教师对各活动环节都有相应的评价，并设置不同的比重，最后将所有评价结果汇总，得出对该学生在整个综合性学习过程中的总评价。以下是整个综合性学习的总结性评价表。

表 3　语文综合性学习成绩评定表

评价阶段	评估内容及比例		各项得分	总得分
进展性评价（40%）	平时表现（50%）	阅读笔记（20%）		
		活动表现（20%）		
		资料收集（10%）		
	与他人合作（20%）			
	调查报告写作（30%）			
总结性评价（60%）	活动成果制作（60%）			
	汇报展示（40%）			

（四）评价设计的反思

评价的作用之一就是反馈教学，强调让教师在发现学生学习上的优势和不足的基础上，反思自己的教学行为，不断调整和完善教学过程，促进教学的改进，提高教学效能。要使评价有针对性，充分发挥评价的诊断和反馈功能，就必须善于进行评价的反思。

教师们对于教学行为常会作反思，对于语文阅读、写作教学的评价也常作反思，如考试分析、写作讲评等。但对语文综合性活动的评价却常常没有反思意识，这是非常遗憾的。因为与其他的教学环节、评价环节一样，语文综合性学习的评价也是需要反思的。通过反思，才能更好地发挥评价对综合性活动的反馈作用，更好地发挥促进学生发展的功能。

1. 评价材料的分析

对评价设计反思的第一步是对评价材料的分析。分析的主要工作是对评价过程中采集的数据进行统计分析，如整个评价过程的作业量、测试量、各次不同形式评价中的学生的成绩、评语等都是值得收集及分析的数据，对整个评价的信度、区分度的衡量有重要作用。

2. 评价活动的总结

对评价材料进行分析后，还要善于总结，也就是对整个评价设计、实施的总结。具体地说，是对评价设计的适切性作整体审视，如评价重点、活动的设置、评价准则是否得当，评价能否回馈教学，是否很好地发挥了评价的作用，等等。

例如，对前面总结性评价方案二的材料进行分析，可从以下角度考虑：过程性评价占40%是否得当；阅读笔记要有什么要求，怎么样既体现学生个性又有一致性；“与他人合作”这一项的评分由谁来评，如何保证其相对客观；活动成果由小组成员共同制作，怎样评分等。

3. 对策思考

评价设计的反思的一个很重要的环节是根据前面的分析与总结，对评价过程中出现的问题的解决。在整个评价过程中，哪些环节该补救、哪些环节下次该调整，都要认真思考，补救的措施则要马上落实，使评价更完善，也可以避免一些负面影响。

例如，在某校综合性学习的学生互评环节中，老师发现学生评分的主观性比较大，而且由于各班的水平不一致，导致水平较高的班级学生眼界高，要求高，互评得分较低，水平一般的班级则由于学生较宽容，互相评价较高。这样一来，评价就没有真实反映学生情况。教师可以以年级为单位，根据各班的实际情况，对此进行适当的调节，使评价更客观真实。同时，教师必须思考，下次再采用学生互评时，应采取什么措施避免同样情况发生。

（五）语文综合性学习评价的若干问题

1. 要提前让学生了解评价的目标

提前让学生了解预期的学习成果，能有效地发挥评价的倒流作用，让学生心中有数，对整个综合性学习有个全盘的概念，便于学生根据自己的情况，制定相应的学习策略，安排适当的学习进度。

2. 调动学生积极参与评价过程

新课程强调学生的主体地位，语文的综合性学习更加注重学生在整个学习过程中的自主性。调动学生积极参与评价的过程是发挥学生主体作用的有效措施，也是充分发挥评价激励和发展功能的有力保证。

3. 根据实际情况及时调整

评价方案的设计通常是预设的。在实施的过程中，会由于学生的学习进程、状态等生成各种不同的情况，这时就应根据实际情况及时进行调整，让评价具有更好的适切性，使评价更具信度。例如，在学生互评的过程中，可能会出现程度较好的班由于学生眼界高，要求高，互评的分数或等级偏低；反倒是程度较低的班，互评出来的分数或等级相对偏高。这样的结果与学生的实际情况不相符，这就要求教师要有整体观念，全面协调，使评价能客观地反映学生的真实状态。

4. 评价要重视促进学生的可持续发展

语文综合性学习的最终目的是全面提高学生的语文素养，语文综合性学习的评价也要朝这个方向努力，要重视通过评价强化学生的语文学习能力与习惯。在评价过程中要注意有前后过程的照应，有阶段重点的强调，更好地促进学生在语文学习方面的可持续发展。

5. 语文学习档案袋制作要得当

语文学习档案袋有不同的形式，可以是纸质的，也可以是电子档案；有不同的类型：可以是专题式的，也可以是综合式的，可以是最佳成果型，也可以是精选型或过程型……无论是什么形式、什么类型，首先，教师要考虑好档案袋的重点；其次，教师要重视对档案袋制作的指导；再次，要考虑好档案袋的保存。

6. 语文综合性学习评价的思考

语文综合性学习的评价仍存在极大的探究空间，如语文学习档案袋如何有效实施，能否参考“电子档案袋”的方式；如何在评价中既充分关注学生的个体差异，又能统一协调，便于实施；如何更好地调动各种资源（如家长的支持），强化多方评价；如何在评价中发挥教师的个性，等等。教师在实施评价时，应不断搜集问题、不断思考，使语文综合性学习评价不断完善。

【案例评析】

案例一："感悟情感"配乐情景朗诵的评价

广州大学附属中学　余　伟　江晓军

（一）参赛作品

一组：《雨中送书》、《紫荆花开》、《随着飘香的爱》、《回到过去》、《大佛之手》、《金桂飘香》。

二组：《生命的财富》、《爱在生活中》、《碰撞的友情》、《相信》、《感悟亲情》、《爱的天使》。

（二）评比办法

1. 老师评比＋学生评比

2. 评比办法

（1）在六个参赛作品中，选出一等奖一名、二等奖两名。

（2）将作品序号及题目写在选票相应位置。

（3）按虚线将选票撕下，交给科代表或投入票箱。

3. 要求

(1) 不能多选。

(2) 认真对待评比，公正评选。

4. 评比细则

(1) 文章内容（30%）。

要求：紧扣主题，中心明确；写出真情实感；细节丰富、动人；文笔优美。

(2) 朗诵质量（40%）。

要求：①表达流畅自如，吐字清晰、准确；

②情真意切，能较好地传达出作品的情感，有一定的艺术感染力；

③能较好地处理“停顿、重音、语速、句调”等；

④能较好地处理材料内容的变化等。

(3) 配乐质量（20%）。

要求：配乐能较好地烘托朗诵氛围，突出情境、主题，但不宜喧宾夺主。

(4) 整体效果（10%）。

要求：录音质量较好；朗诵形式多样；艺术效果较突出。

选票：

一等奖	二等奖

附：本单元教学目标

（1）品读文学作品中的“亲情”，感受“人间有情”。

（2）学习怎样将“情”表达出来，且表达得更好。

（3）观察体验情感，培养感恩之心。

评析：

粤教版普通高中《语文（必修）》每册的第一单元都是活动单元，内容包括“活动指引”、“参考阅读”、“点击链接”等。“体验情感”是粤教版普通高中《语文（必修2）》第一单元的主题，这个单元的“活动指引”中有一项活动内容是“朗诵一段最能体现自己情感收获的笔记或一篇自己喜欢的文章”。“点击链接”有“朗诵的要领”、“字字句句总关情”两个内容。因此，本案例在教学设计中围绕“体验、感受、表达情感”，设置了“配乐朗诵”的活动。这个活动融写作、口语表达为一体，体现了语文综合性学习的特点。很多语文综合性学习的设计并没有考虑评价方案，而本案例难得的是在教学设计的过程中，教师能从整体考虑，设置了较完整、可行的评价方案，并且通过评价环节，对学生的写作、口语表达活动从整体上进行综合评价，较好地体现了评价的整体性。另外，评价过程中由教师和学生共同评价的环节既体现了评价的多元特点，又通过学生对评价的参与，促进了学生的互相学习和自我反思。再有，从评价细则看，本评价方案对各项评价内容的比重分布较合理，要求具体、操作性较强，较好地体现了对整个活动的总结。

思考：

1. 对没参加比赛的学生的活动怎样评价？怎样通过这个比赛的环节有效地促进学生对自己的反思？

2. 能不能设置一些点评环节，让学生看到分数以外的评价？如果可以，该怎么设置？

3. 对没获奖的学生，有怎样的激励方法？

案例二："寻觅节日诗情"活动课实践设计

中山市杨仙逸中学　庚成芳

（一）设计思想

本教学设计基于新课程标准中"以生为本"的思想理念，促进学生全面发展。倡导"自主、合作、探究"的学习方式，改变封闭的教学内容与陈旧的教学方法，以课堂教学为主体，广泛地开展语文课外活动，使课内外衔接起来，让学生在鉴赏中拓展视野，扩大积累，并培养学生大胆创新的精神。

（二）教学设计

1. 活动目的

（1）培养学生课外阅读的兴趣及对诗歌的初步鉴赏能力。

（2）培养学生搜集、选择、处理信息的能力，学会制作课件。

（3）提高学生对生活与文学的感悟能力及大胆尝试创作的能力。

（4）培养学生自主、合作、探究式学习的习惯。

（说明：学习了一个单元的诗歌，都是以教师讲授为主，学生除了做笔记和背诵外，很少积极主动地参与。为了提高学生对诗歌的兴趣，为了改变枯燥单调的课堂，为了打破教材的限制，为了拓展学生的阅读，教师组织学生利用国庆假期，自己动手搜索有关节日的诗歌进行鉴赏，并大胆尝试创作，借诗抒怀，让学生体验自主合作学习的成功与快乐，体验创作的成就感。培养学生创新意识和实践能力，激发新的求知欲望，给他们提供一片创造的天空。课本只列举了一些精彩的例子，学生在课内学习不足，还可以在课外拓展阅读上获得补充，开阔视野，增长才智。)

2. 执教班级

杨仙逸中学高一（12）班。

3. 活动时间

2004 年 10 月 15 日。

4. 活动地点

多媒体教室。

5. 活动准备

这是一堂以课外为主、课内为辅的活动课。

(1) 教师在活动前予以指导，先观看范例，从中汲取经验。印发资料，推荐网站及资料书，如百度、谷歌、中华诗词网、中国诗词网、古典诗词网、《历代诗歌鉴赏词典》、《古代诗歌鉴赏辞典》等。

(2) 要求学生根据自己的兴趣爱好，围绕某个节日或多个节日选择诗歌进行鉴赏，写出活动总结，并大胆创作一首节日诗。

(3) 成立活动小组，由组长负责分工，根据各成员兴趣以及专长进行分工。分工有利于培养每个学生的责任心和协作精神，发挥每个人的特长，全员参与，团结协作，先搜集资料，再选择与整理资料，并制作成课件。在开始探究学习之前，教师提供给学生一点参考意见：这是一个小组合作学习、探究的过程，而不是由个人单独去完成的；请多花时间去搜集信息，这会对你的研究大有帮助；每个小组应当制定好自己的任务时间表，这样将有利于你们控制时间；如果你发现了可以帮助别人进行探究活动的信息，请及时与人分享。

(4) 汇报时运用竞赛形式，评出一等奖一名、二等奖两名、三等奖两名。由学生担任评委，评委要求发言点评。

(5) 由学生讨论出评分标准并预先公布。

评分表如下：

课件设计	内容充实，有条理、有规律	表达流畅、有感情，讲解有创新	组织、合作
20分	30分	30分	20分

6. 活动过程

(1) 教师随时指导、督促、提醒、检查。课件内容要求有标题、节日诗、鉴赏或名句赏析、总结、自创诗。背景不能太花哨，突出诗词赏析。可以将搜集到的资料存放在同一个文件夹中，方便最后的整理及制作汇报材料。围绕本组的节日主题，组内成员将近期搜索到的资料进行交流与整合，并经过讨论，得出结论，最后形成汇报成果。由组长主持，并记录要点。

（2）确定最后整理资料的人，要求专心品读汇报材料，并有条理有规律地进行整理。把整理好的资料交给课件制作者。要求每个成员写一篇活动小结，并自创一首节日诗，组长择优交给课件制作者。

（3）确定课件讲解人，要求大胆，普通话标准，熟悉课件内容，讲解要流畅有感情，讲解形式要有创新，做好充分的发言准备。发言时间不得超过 8 分钟。

（4）民主推荐学生评委、抄分员、算分员。民主推荐主持人。

（5）教师指导主持人写作串词，如主持人激情导入：

“中国诗词源远流长，精美博大，中华诗词，自古至今一直激励着人们前进，推动着人类文化发展，是一座永垂不朽的历史丰碑。而好的节日诗篇，带给人们丰富的感情，给人们留下广阔的想象空间，引导我们去感受、去思索、去飞翔。现在让我们一起走进节日诗歌的艺术殿堂。”

或为：“中国是诗歌的国度，在悠悠的历史岁月中，诗人给我们留下了熠熠生辉的诗篇。有人说：诗歌最爱是少年。也有人说：中学生就是一首清纯的诗。是的，豆蔻年华、风华正茂的我们心中充满了诗情，也最爱多愁善感，与诗歌最有缘分。而每一首节日诗，充满了诗人的幸福与快乐，充满了诗人的悲欢与离合，让我们再次投入诗歌的海洋，作一次感情的冲浪，去分享诗人们的缠绵与激情、希望与惆怅。”

（6）记录成果及成果展示评价：

由主持人介绍六个学生评委，宣读评分标准，去掉一个最高分，去掉一个最低分，当场评出一、二、三等奖。宣布小组展示顺序，每组选两名学生上台，一人放映，一人讲解。最后由学生评委点评，得奖代表发言，老师作总结。主持人要灵活应变，学会采访，学会点评，学会总结。

教师点评：

这次“寻觅节日诗情”的活动圆满成功，这次活动打破了教材的局限，丰富了我们的课堂，开阔了我们的知识视野，提高了我们的阅读能力。通过这次活动，同学们都可以学会：

（1）能正确地选择资料、理解资料、利用资料，能把搜索到的信息整合成有用的资料。

（2）能较好地与他人进行沟通、合作，充分发挥同学们的主体意识，自主学习。这是改变学习方式的一次新尝试，创造了师生和谐民主的学习氛围。

（3）每个成员都能积极参与，亲身实践，发挥自己的特长。选择的诗歌都很经典，丰富多彩，课件做得有声有色，讲解人声情并茂，主持人落落大方，随机应变，学生评委公平公正。

（4）同学们大胆地尝试诗歌写作，虽然还有些稚嫩，却处处流露出同学们的智慧与才气。

同时，我希望大家在以后的学习活动中更加齐心协力，继续发扬团结合作的精神，小组长能够充分发挥每个成员的潜力，积极主动，不断探究，超越自我，超越课堂，超越课本。拓展自己的阅读，让我们的语文学习更加丰富多彩，从而丰富自己的人生，创造更多更好的诗歌。

（节选自《高中新课程语文优秀教学设计与案例》，广东高等教育出版社 2005 年版）

评析：

“寻觅节日诗情”是粤教版普通高中《语文（必修1）》第四单元的活动，是学生学习了一个单元的古典诗歌后的拓展活动。这个案例从整体来看，并不仅仅是一个单纯的评价方案，而一个融教学设计、实施过程、评价总结为一体的综合设计，教师采用了评价与活动相结合的方式，在教学设计、活动实施中，都贯穿了评价设计和评价活动。例如，在“活动准备工作”环节中对汇报时运用竞赛形式并评奖的设想，在“活动过程”中教师的检查、成果展示时的评比、学生评委点评，“教师点评”环节的总结等，都是评价活动，其中既有交流前的评价，又有交流过程中的评价，还有交流结束后的总结。整个评价过程充分体现了以学生自评、互评为主的开放性评价理念，很好地体现了评价的激励作用。其中，预先公布评分标准这个环节相当好，能让学生对自己的努力有明确的目标，便于使学生及时调整自己的学习策略，很好地体现了评价是为了促进学生发展的新课程理念。

当然，从评价的角度来看，这个设计也存在有待完善的地方。在该设计中，展示交流的只是课件内容，评价也只是针对课件及讲解，但学生的活动还包括搜集信息、撰写活动小结、自创节日诗歌等，这些活动的评价就未能体现；对学生的自创节日诗歌，只由组长择优也未能充分发挥评价促进发展的作用；活动是以小组为单位进行的，对学生在活动过程中的参与、表现也应有相应的评价。另外，在展示活动的评分标准中，评价内容与准则欠明确，如“课件设计”、“组织、合作”两项内容的评价细则是什么？与“内容充实，有条理、有规律”这项内容是什么关系？这些都可以进一步调整完善。

思考：

1. 你认为“小组合作学习、探究的过程”应用什么方式方法来进行评价？

2. 如果让你来改善竞赛的评分表，你会怎样设计？

3. 这个语文综合性学习可以采用学习档案袋的方式来评价吗？如果可以，档案袋里应收集哪些评价材料？

【技能训练】

一、设计评价方案训练

[训练1]

根据下列材料，设计一个语文综合性活动评价方案。要求如下：

(1) 配合教学目标。

(2) 明确评价目标及评价方式。

(3) 初步确定各评价内容的比重。

(4) 评价方案具体，有可操作性。

初一级朗读大赛教学活动设计

广州大学附属中学 周 灵

(一) 活动的目标

(1) 加强诵读，在朗读中感悟，欣赏文学作品，尊重学生的情感体验。

(2) 推进课外阅读，在进行单元教学的基础上，提倡学生作课外延伸阅读，通过朗读大赛为学生提供展示课外阅读情况的平台。

(3) 体现“生本”理念：培养学生自主学习的精神和习惯。学生是教育过程的重要资源，为学生而设计教学，从而使教育的资源总量极大增加。

(二) 活动的内容

(1) 各班学生自由组合（或个人或小组），参加班际的朗读大赛，由语文老师评分，作为综合活动成绩。(保证参与的广泛性)

(2) 在班际朗读比赛的基础上，各班选送三个节目参加年级的朗读大赛。(体现大赛的典范性)

(3) 年级大赛的组织准备完全由学生（年级语文中心组及各班语文学习骨干）负责，教师作适当的指导。(体现“生本”精神)

(4) 大赛结束后进行活动总结写作。

(5) 由年级语文中心组及各班语文学习骨干完成大赛的专栏。

[**训练**2]

根据下列材料，设计一个语文综合性活动评价方案。要求如下：

(1) 配合教学目标及各主要教学环节。

(2) 明确评价目标及评价方式。

(3) 初步确定各评价内容的比重。

(4) 明确评价时机及评价材料的汇总形式。

(5) 评价方案具有可操作性。

粤教版普通高中《语文（必修2）》“人物访谈”活动设计

广州大学附属中学　余　伟

（一）教学目标的确定

1. 教学目标

(1) 学习搜集和整理资料，由生活中积累写作的素材。

(2) 提高语文实际运用的能力（口语交际能力）。

2. 目标说明

采访活动的指导要体现语文学习的特点：

(1) 将采访活动作为写作前的准备环节，引导学生学会运用此方法搜集、整理资料，丰富写作内容。

新课程目标关于“表达与交流”的第一条目标指出：“学会多角度观察生活，丰富生活经历和情感体验”，“在写作教学中，教师应鼓励学生积极参与生活，体验人生，关注社会热点，激发写作欲望”。陈佳民教授在作关于新教材的说明时，提出了这么一种思路——“以活动带阅读、促写作”。

采访活动的指导要体现语文特点，就应定位为“为写作做准备”，为写作寻找“源头活水”。因此，在指导过程中，教师应侧重于引导学生运用一定的采访技巧，充分认识被采访者，为之后的“传记文写作”积累最丰富、最有价值的资料。

(2) 注重提高学生口头表达交流的能力。

(二) 教学形式的选择

1. 教学形式

(1) 合作探究。

(2) 实例研讨。

2. 形式说明

通过此形式，转变学生原有的学习形式。

(1) 加强学生的自主学习。

采访活动指导课前，布置学生自己上网或查阅书籍，寻找有关采访方法和技巧的资料，指导课上让学生自己进行总结。

(2) 加强学生的合作学习。

指导课前的搜集资料，指导课上的讨论交流，均以学习小组的形式进行。

（3）突出发现学习与理解学习的特点。

学生总结完自己找到的相关资料后，老师进行点拨引导。不急于抛出既定的采访方法和技巧的总结，而是让学生在实例研讨中得到感性认识，进而上升到理性认识。

实例研讨有两种：一是分析中央电视台《艺术人生》栏目中采访岳红的例子，这是一个较成功的采访范例，引导学生进行研讨学习；二是运用研讨出来的知识分析我校学生采访本校老师的例子，这个例子在采访方面存在一定的问题，让学生通过研讨进一步明确采访的方法和技巧。

在实例研讨过程中，先让学生发现问题（“采访实例中要注意什么问题”），再引导学生解决问题（“如果由你来采访，你会问什么问题”），由此落实活动效果。

总之，在指导过程中，力求突出“以学生为中心”的理念，教师主要是起到点拨与引导的作用。

（三）教学程序

1. 课前准备

组成学习小组，搜集有关采访方法和技巧的

资料。

2. 课堂教学程序

(1) 复习第二单元内容，总结人物传记写作的基本要求。

(了解怎样确定重点，搜集材料，以写好一篇介绍他人的文章。)

(引出本课重点：学习搜集人物材料的一个好办法——人物访谈)

(2) 学生交流所找到的采访资料，分小组总结发言。

(自主学习，合作探究：怎样进行采访才能获得最有价值的材料，为写作做准备)

(3) 阅读材料“《艺术人生》访岳红”，进行研讨交流。

①先了解岳红的经历，思考：如果由你采访岳红，你会设置哪些问题?

②点评朱军之采访：你最欣赏主持人提出的哪几个问题，为什么?结合你自己设置的问题，谈谈看完这篇采访记录后，你对采访的技巧和方法有了哪些理解?

(4) 总结人物采访的要素、技巧和步骤。

(5) 评点材料“我校学生访张高”。

（观看DV录像，阅读采访实录，进行研讨交流）

研讨点：

①如果你为张高老师写一篇传记，你会确立什么写作重点，突出人物的什么特点？

（挖掘人物的精神实质，体现出对生活的思考）

②采访问题设置得好不好？你最欣赏哪个问题？你对哪个问题的设置有不同的意见和建议？

③如果是你采访，你还会问什么问题？为什么？

（如何为写作搜集有价值的资料）

（6）布置表达交流活动的任务。

采访活动主题：寻找成功者的足迹。

要求：

①组成采访小组，确定采访对象（小组人数不多于6人）。

②了解采访对象，制订采访计划，列好采访提纲，设置好采访的问题。

③进行采访活动，做好采访记录（最好能录像或录音）。

④为采访对象写一篇传记或一篇介绍性的文章。

二、制定评价准则训练

（1）根据前面“设计评价方案训练”材料制定评价准则。

要求：具体、明确，符合学生的实际，操作性较强。

（2）下面是一份尚未完成的学生演讲评价表，请你给表列的评价项目设置评价要求，并给各评价项目设置恰当的比重，完善该演讲评价表。

学生演讲评价表

评价项目		评价要求	得分
肢体表达方面（%）	站立姿势（%）		
	说话音调（%）		
	目光（%）		
声音表达方面（%）	发音（%）		
	音量（%）		
	声调（%）		
语言表达方面（%）	词语运用（%）		
	完整性（%）		
	条理性（%）		

训练提示：

（1）评价准则中对评价内容的比重、各评价项目的具体要求都应明确化、具体化，以使评价能更有效地实施。

（2）除了表格中的项目以外，还可以根据需要增加评价项目。

三、评价设计反思训练

以下是根据“设计评价方案训练”部分的“训练材料”设计的评价方案，请对下列评价方案作反思。

“探访成功之路”评价方案

（一）评价目标

“探访成功之路”活动是采访身边的人，为身边人写传记。

（1）评估学生能否掌握收集资料的方法，如运用信息技术寻找、分析、处理数据的能力。

（2）评估学生对人物传记的写作方法的运用。

（二）评价表

表 1　资料准备评价表

资料来源			
评价项目	自评	互评	师评
可信性（30%）			
可用性（40%）			
全面性（30%）			
总　分（100%）			

注：自评 + 互评 + 师评/3 = 此表最终得分

表2 他传写作评分表

________班________　　　　组员总评分：________

评分点				得分	合计
写作分(100分)	采访提纲及记录(40分)	内容(5分)	切合话题，正面积极		
		态度(5分)	平等尊重，委婉得体		
		问题(20分)	紧扣中心，善于发掘，精选细节，条理清晰		
		技巧(10分)	有情感交流，善于引导，适时追问		
	传记文(60分)	内容(20分)	中心突出，内容充实，立意积极，思考深入，人物特征突出，材料典型丰富，细节生动		
		结构(10分)	结构完整，精心构思，善于组织材料		
		语言(20分)	语言流畅，词句准确，有文采，有意蕴		
		卷面(7分)	卷面整洁，字体清晰，无错别字		
		标题(3分)	标题与内容吻合，有吸引力		
附加分(10分)	完成活动(3分)				
	分工合作(3分)		分工表		
	采访资料(4分)		影音数据，其他数据		

训练提示：

反思评价方案的侧重点在于考察评价方案能否较好地对活动内容作出相应的反馈，如评价的内容与活动重点是否相对应，评价的准则是否具体、清晰，是否便于操作，能否对学生有较好的促进发展的作用等。在对相关内容作出思考后，还应指出相应的改进措施。